Inhaltsverzeichnis

Vorwort 4

Entspannung – nicht nur für Erwachsene 5

Warum ist es so wichtig zu fühlen? 6

Aufgepasst geschwind, denn das Spiel beginnt! 7
Einleitende Spiele zur allgemeinen Körperwahrnehmung

Hautstimulation durch Rückenmassagen 20
Spiele zur Hautstimulation

Wie soll das gehen ...? 22
- Hinweise zur praktischen Umsetzung von Rückenmassagen 22
- Massagetechniken für Rückenmassagen 24

Fantasiereisen mit Rückenmassagen 25

Leg dich hin und schließ die Augen 44
Rückenmassagen mit unterschiedlichen Materialien

Eine Reise über den Körper 53
Körperwahrnehmungsspiele mit unterschiedlichen Materialien

Die Grenzen des eigenen Körpers erfahren 60

Atemspiele und Atemübungen 64

Interaktionsspiele 71

Elternarbeit 82
Einbeziehung der Eltern in die Arbeit mit den Kindern

Komm mit ans Meer! 85
Projekteinheit zur Förderung der Körperwahrnehmung

Anhang 89
- Bastelanleitung für Tierohren 89
- Register 90
- Weiterführende Literatur und CD 91
- Autorin und Illustratorin 92

Vorwort

„Streicheln, Spüren, Selbstvertrauen ..." heißt der Titel meines Buches. Vor einigen Jahren hätte ich zu diesem Thema noch kein Buch schreiben können. Heute, nach meiner Familienphase mit inzwischen drei erwachsenen Söhnen und mit der beruflichen Erfahrung als Erzieherin, Heilpädagogin, Psychomotorikerin und Yoga-Lehrerin für Kinder und Jugendliche, weiß ich, dass die taktile Wahrnehmung und ihre adäquate Verarbeitung der Schlüssel zu unserem Wohlbefinden sind. Für viele Menschen ist es selbstverständlich, in den Arm genommen und gestreichelt zu werden. Aber es gibt leider auch genauso viele, die eine Umarmung und das Gefühl des „Geborgenseins" nicht kennen. Bei ihnen lösen Berührungen unter Umständen eine unangenehme Wahrnehmung aus. Die Ursachen dafür können vielfältig sein.

Dieses Buch will zum einen über die Verarbeitung von Berührungsreizen und ihre Folgeerscheinungen aufklären. Zum anderen möchte ich Eltern, ErzieherInnen und LehrerInnen Ideen für Massagen und Entspannungsmöglichkeiten sowie für Körperspiele, Wahrnehmungsübungen und Interaktionsspiele an die Hand geben, die zur Erlangung eines positiven Körpergefühls und zur optimalen Entspannung beitragen. Sie eignen sich zur Umsetzung in der Familie genauso wie im Kindergarten und in der Grundschule. Sie können zu zweit ebenso wie in der Kleingruppe oder in einer Schulklasse praktiziert werden.

An dieser Stelle möchte ich die Gelegenheit nutzen, all denjenigen Dank zu sagen, die mich in meinem beruflichen Leben begleitet haben und oftmals die Anstöße zu meinen später in die Praxis umgesetzten Ideen gegeben haben. Dazu gehören in den letzten Jahren vor allen Dingen Norbert Langen von der Fachschule Herman Nohl in Hildesheim, meine lieben Ex-Kolleginnen Sabine Hank, Karin Schepers und Marita Kattelmann, mit denen ich im Sprachheilzentrum der AWO in Bad Salzdetfurth unter der Leitung von Anne Naundorf meine „Lehrzeit" in der „Psychomotorik" absolvierte, sowie Gabriele Bilitewski und Monika Klein, die mir die „Geheimnisse" des Yoga für Kinder und Jugendliche vermittelten.

Allen LeserInnen wünsche ich genauso viel Freude bei der Umsetzung der Spiele und Übungen in die Praxis, wie ich es gemeinsam mit den mir anvertrauten Kindern erlebt habe!

Annegret Frank

Annegret Frank

Streicheln, Spüren, Selbstvertrauen ...

Massagen, Wahrnehmungs- und Interaktionsspiele, Entspannungsgeschichten und Atemübungen zur Förderung des Körperbewusstseins

Illustration Annie Meussen

Ökotopia Verlag, Münster

Impressum

Autorin: Annegret Frank

Illustratorin: Annie Meussen

Lektorin: Barbro Garenfeld

Satz: Studio Bandur, Idstein-Wörsdorf

ISBN: 3-936286-29-9

3 4 5 6 7 8 9 · 10 09 08 07 06 05

Einige der Fantasiereisen und Gedichte aus
diesem Buch sind auf der CD von Ralf Kiwit vertont:
Streicheltöne – Wohlfühlmassagen
Vertonte Verse, Geschichten und Lieder
zur Begleitung von Kindermassagen
ISBN 3-936286-30-2
Die Nummern der Musikstücke auf der CD
sind im Buch mit ⊙ gekennzeichnet.

Entspannung – nicht nur für Erwachsene!

Wir alle sind zunehmender Reizüberflutung, erhöhtem Leistungsdenken und Stress ausgesetzt. Nicht immer haben wir in ausreichendem Maß die Möglichkeiten, unsere Eindrücke und Erfahrungen angemessen zu verarbeiten. Das gilt für uns Erwachsene genauso wie für unsere Kinder. Vieles davon verdrängen wir, es wirkt dann im Unterbewussten weiter, Störungen im geistig-seelischen Bereich können die Folgen sein. Die Spannungszustände äußern sich zunächst in Form von Aggressivität, Konzentrationsschwäche, Unruhe, Schlafstörungen oder Nervosität. Sie verursachen später unter Umständen psychosomatische Beschwerden wie chronische Muskelschmerzen, eine nervöse Verdauung, Kopfschmerzen, einen nervösen Magen, Bettnässen, Nägelkauen u. a. m.

Damit es gar nicht erst so weit kommt, ist es sinnvoll, auch schon Kindern die Möglichkeiten der Entspannung, des „Kraft-schöpfen-Könnens" sowie „Wohlfühl-Phasen" anzubieten. Da diese Fähigkeiten nicht von alleine kommen, sondern genauso erlernt und entwickelt werden müssen wie alles andere, können wir Erwachsenen den Kindern eine Brücke bauen, um sie in der Entwicklung dieser Fähigkeiten zu unterstützen.

Wenn Kinder schon früh zur „äußeren Welt" mit all ihrer schillernden Buntheit ein Gegengewicht, ihre ganz persönliche „inneren Welt" schaffen, werden sie auch früh ihr Selbstbewusstsein entwickeln und als kleine Persönlichkeiten festen Schrittes die Welt erobern.

Jedes Kind wird aus den im Buch angebotenen Aktionen seinen individuellen Nutzen ziehen. Während das eine sich und seinen Körper bei speziellen Übungen besser erfahren und wahrnehmen wird, lernt das andere loszulassen, sich zu entspannen und sich seine eigene farbige Bilderwelt zu schaffen. Ein drittes Kind kann durch Atemübungen und Geschichten seine speziellen Ängste verkleinern oder gar überwinden lernen. Gesunde wie durch ihr Verhalten auffällige Kinder haben somit eine Chance, ihre Persönlichkeit abzurunden und sich von einer ganz neuen Seite zu „erfahren".

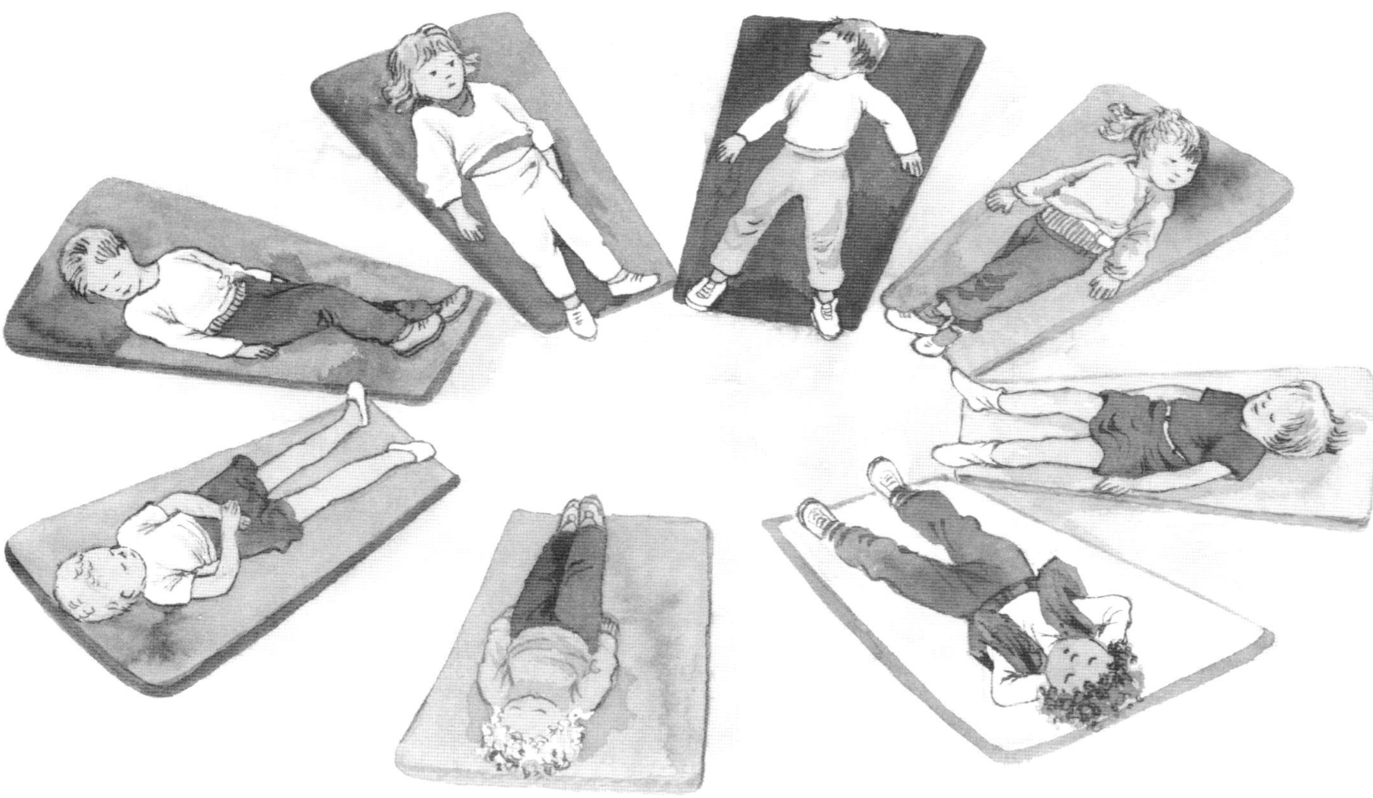

Warum ist es so wichtig zu fühlen?

„Ich fühl' mich nicht wohl in meiner Haut ..." ist ein Satz, der im Volksmund oft gesagt wird, und der das Unbehagen deutlich werden lässt, das der Betroffene damit kundtut. In seiner Einfachheit sagt er all das aus, was den LeserInnen in diesem Buch deutlich gemacht werden soll, denn zum Gegenteil dieser Satzaussage möchte ich die LeserInnen führen. Wir und die uns anvertrauten Kinder sollen sich „wohl fühlen", und das hängt weitgehend von der positiven Verarbeitung der Berührungsreize ab, die ein gutes Körpergefühl entstehen lassen und entscheidend für alle weiteren Verarbeitungsprozesse sind, die auf dieser Basisempfindung aufbauen.

Das „taktile System", der Hautsinn, ist das „beurteilende" System, das sich bereits im Mutterleib entwickelt und schon funktionsfähig ist, bevor andere Systeme ausgebildet werden. Es zeigt uns an, ob wir etwas als angenehm oder unangenehm empfinden. Die Haut spielt dabei eine ganz besondere Rolle. Sie ist mit einer Ausdehnung von 1,7 Quadratmetern nicht nur unser größtes Organ, sie ist auch das empfindsamste. Auf einem Quadratzentimeter liegen im Durchschnitt über fünf Millionen Nervenenden sowie 3000 Hautsinnzellen. Der sanfte Druck des Streichelns löst bei den Rezeptoren in der Unterhaut ein Signal zur Freisetzung von Endorphinen und Oxytoccin (Glückshormone) aus. Wissenschaftliche Erkenntnisse haben bewiesen, wie wichtig der Hautkontakt für ein Neugeborenes direkt nach der Geburt ist, und wie lebensnotwendig besonders auch für Frühgeborene diese Berührungsreize sind! Kinder, die keine zärtlichen Berührungen ihrer Eltern oder anderer Personen in ihrem direkten Umfeld erfahren haben, verarmen emotional. Jeder weiß um die wohltuende Wirkung von Streicheln, von Berührung oder Umarmung.
Beim Beobachten von Kindern im Alltag lassen sich deutlich die Anzeichen taktiler Über- oder Unterempfindlichkeit feststellen. Dabei ist die „Summe der Auffälligkeiten" entscheidend, damit eine entsprechende Förderung einsetzen kann. Hier einige Beispiele, die uns aufhorchen lassen sollten:

- Ein Kind, das nicht spürt, wenn es beim Laufspiel berührt wird und weiterläuft, ohne sich an die Spielregeln zu halten
- Eine Überempfindlichkeit beim Haareschneiden
- Auffälligkeiten beim Abfrottieren nach dem Duschen/Baden (das Kind kann nur sehr vorsichtig abfrottiert werden oder es liebt den extrem starken, festen Druck)
- Ein Kind vermeidet bestimmte Materialien (es kann z. B. nur Baumwollpullover tragen)
- Plötzliche, nicht erklärbare Wutausbrüche
- Verbale Abwehr durch Schimpfworte
- Beharren auf bestimmten Gewohnheiten (z. B. muss am Tisch immer dieselbe Sitzordnung sein. Ein fester Tagesablauf ist für das Kind dringend notwendig, sonst wird es unzufrieden und quengelig.)

Werden Berührungsreize bei einem Menschen angemessen verarbeitet, kann daraus Selbstvertrauen erwachsen, das das Selbstbild des Menschen positiv beeinflusst, ihn selbstbewusst und stark für soziale Bindungen und für die ihm gestellten Aufgaben macht.

Aufgepasst geschwind, denn das Spiel beginnt!

Einleitende Spiele zur allgemeinen Körperwahrnehmung

Hallo, bist du wach?

Wir wecken unseren Körper auf. Dieses Spiel bietet sich zum Auftakt einer Bewegungsstunde an.

Alter: ab 3 Jahren

Die TeilnehmerInnen setzen sich in einen großen Kreis mit dem Blick zueinander.
Zunächst wecken alle ihre Füße auf, indem sie beide Füße mit beiden Händen kräftig reiben. Anschließend wecken sie alle weiteren Körperteile nacheinander auf, indem sie die einzelnen Gliedmaßen mit den Händen kräftig reiben:

- die Waden und das Schienbein
- die Knie
- die Oberschenkel
- den Bauch, damit sie wieder etwas essen können
- die Brust, damit sie gut Luft holen können
- die Schultern
- die Arme und die Hände, damit sie zupacken können
- den Hals, damit er schlucken kann
- das Gesicht, damit es wach wird
- die Ohren, damit sie gut zuhören können
- die Stirn, damit die Kinder gut nachdenken können
- die Augen, damit sie gut sehen können und die Kinder niemanden umlaufen
- die Nase, damit sie gut riechen kann
- den Mund, damit er Nahrung aufnimmt, wenn die Kinder Hunger haben

Jetzt sind alle wach.

Die Kinder stehen auf und schütteln ihre Gliedmaßen kräftig.
Sie atmen ganz tief Luft ein und heben dabei die Arme vorneüber, bis sie neben ihrem Kopf sind. Zum Ausatmen beugen sie ihren Oberkörper nach vorne bis die Fingerspitzen den Fußboden berühren.
Einatmen und Ausatmen noch einmal wiederholen ... und noch einmal...
Nun klatschen alle dreimal in die Hände: eins – zwei – drei!
Jetzt kann die Turn- bzw. Bewegungsstunde entspannt beginnen.

Wer geht wie?

Kindern macht es immer besonderen Spaß, in die Rolle anderer zu schlüpfen. In dieser Übung setzen sie spielerisch verschiedene Bewegungsformen aktiv um.

Alter: ab 3 Jahren
Anzahl: 6–8 Kinder, bei größeren Gruppen stellen sich die Kinder in zwei oder drei Reihen hintereinander auf
Material: evtl. CD-Spieler, CD „Streicheltöne – Wohlfühlmassagen"

Die Kinder stellen sich nebeneinander an die Wand.
Die Spielleitung erklärt den Kindern, dass sie genau auf das Gedicht hören und die Bewegungen entsprechend ausführen sollen.
Während sie das Gedicht langsam vorträgt, gehen die Kinder in den angesagten Bewegungsformen durch den Raum.

Jeder **Mensch**, der hat zwei Füße,
und damit man's hören kann,
stampft jetzt jeder mit den Füßen
auf, so laut er eben kann.

Uns're Füße können schleichen
wie **Indianer** auf dem Pfad.
Leise rollt nun ab die Sohlen,
hört auf meinen guten Rat.

Wenn eine **Dame** durch die Stadt geht,
trippelt sie auf hohen Schuh'n.
Lauft nun auf den Zehenspitzen,
denn die Füße soll'n nicht ruhn.

Wisst ihr, wie die **Zwerge** huschen?
Ganz geduckt im großen Berg
sammeln sie die Edelsteine,
huscht nun auch wie so ein Zwerg.

Doch die **Riesen** sind die größten,
streckt euch, macht euch richtig lang!
Bis zur Decke nun auf Zehen
geht ihr. Klappt's? Na, Gott sei Dank.

Könnt ihr wie die **Schlangen** kriechen
auf dem Bauch? Dann legt euch hin.
Kriecht nun bis zum andern Ende,
danach steht ihnen der Sinn.

Wer kann wie die **Frösche** hüpfen,
quaken auch ganz laut sogleich?
Springt nun auf die grüne Wiese
und dann – platsch – in einen Teich.

Und der **Elefant**, der schlenkert
seinen Rüssel hin und her,
stampft davon und trötet kräftig,
denn das fällt ihm gar nicht schwer.

Seht ihr dort die **Schmetterlinge**,
gelb und rot und schwarz und braun?
Fliegen sie zu allen Blumen,
herrlich sind sie anzuschau'n!

Und zum Schluss seid ihr nun wieder
Kinder, die zur Schule laufen.
Rennt so schnell ihr eben könnt,
denn ihr wollt euch etwas kaufen.

Variante

Text und Musik eignen sich auch gut für die im Buch aufgezeigten „Musikstopp-Spiele".

Musikstopp-Spiel mit Tierohren

Alter: ab 3 Jahren
Material: Musik-CD, gebastelte Tierohren (s. S. 89), evtl. mehrfach die gleichen
Anzahl: 20–25 Kinder (je nach Anzahl der vorhandenen Tierohren)

Jedes Kind sucht sich ein Paar Tierohren aus und setzt es sich auf den Kopf.
Die Kinder verteilen sich frei im Raum und setzen sich auf den Fußboden.
Die Spielleitung befragt nacheinander jedes Kind, welches Tier es darstellen möchte und wie die Stimme des Tieres ist.
Das befragte Kind antwortet und ahmt die Stimme seines Tieres nach. Die anderen Kinder helfen dabei.

Die Spielleitung erklärt den Kindern das Spiel: Während die Musik spielt, bewegen sich die Kinder in der angesagten Bewegungsart (hüpfen, Pferdchensprung, marschieren, vorwärts, rückwärts usw.) durch den Raum.
Stoppt die Musik, benennt die Spielleitung das Tier, zu dem alle hinlaufen und es an dem benannten Körperteil anfassen sollen, z. B.: „Alle laufen zum Schaf und fassen es an den Füßen", oder: „Alle laufen zum Esel und fassen ihm auf den Po", usw.
Das angesagte Tier antwortet mit seinem Tierlaut.

Dabei nehmen die Kinder viele Dinge gleichzeitig wahr:

- Welches Tier ist gemeint? Welche Ohren und welche Stimme hat es? (Zuordnung)
- Wo steht das angesagte Tier im Raum? (Orientierung)
- Welchen Körperteil soll ich anfassen? (Körperbegrifflichkeit)
- Das Kind bzw. Tier, das genannt wird, lernt die Bezeichnung seiner Körperteile, auch wenn es sie selbst noch nicht benennen kann.

Variante

Die Spielleitung benennt ein Tier oder eine Tiergruppe (bei mehreren gleichen Tieren) und verteilt eine Aufgabe z. B.: „Alle Esel klettern auf den Kasten", „Alle Katzen klettern auf die Bank" usw. So liegt der Schwerpunkt mehr auf der Orientierung im Raum, die Tierohren sind nur Verkleidung.

Tipp

Besteht die Gruppe aus mehr als fünf Kindern, erhalten mehrere Kinder gleiche Tierohren. So versammeln sich nicht alle Kinder nur bei einem Tier, um den angesagten Körperteil zu berühren.

Im Land der Dickbäuche

Dieses Musikstopp-Begrüßungsspiel findet bei Kindern immer besonders viel Anklang.

Alter: ab 3 Jahren
Material: Musik-CD, kleines Kissen pro Kind
Anzahl: mind. 6 Kinder

Die Kinder bilden einen Sitzkreis in der Raummitte.

Die Spielleitung erzählt eine Geschichte, die die Kinder in ihrer Fantasie in das „Land der Dickbäuche" führt, etwa folgendermaßen:

„Habt ihr Lust, mit mir in das ‚Land der Dickbäuche' zu reisen? Wer von euch ist schon einmal dort gewesen? Niemand? Dann will ich euch heute einmal erzählen, was für seltsame Angewohnheiten die Menschen im ‚Land der Dickbäuche' haben. Wie der Name schon sagt, haben die Menschen dort alle ganz dicke Bäuche.

Jedes Kind erhält ein kleines Kissen, das es sich unter sein T-Shirt bzw. seinen Pullover als „Bauch" steckt.

Alle, die dort leben, haben immer ganz viel gegessen und getrunken, waren faul und bequem und hatten nie Lust, Fahrrad zu fahren, Fangen zu spielen oder Schwimmen zu gehen. Sie lagen meistens nur auf dem Sofa, schliefen, sahen fern oder spielten am Computer. Da sind sie alle ganz dick geworden. Eines Tages beschlossen sie, dass es so nicht mehr weitergehen kann, denn sie sahen ein, dass sie ganz krank werden würden, wenn sie weiterhin so faul sind. So marschierten sie los. Sie kannten sich alle gar nicht untereinander, weil sie immer nur faul zu Hause gesessen hatten. Nun waren sie froh, als sie sich auf der Straße trafen und begrüßten sich fröhlich. Das war viel schöner, als alleine zu Hause zu sein ..."

Die Spielleitung stellt die Musik an und gibt den Kindern vor, wie sie sich frei durch den Raum bewegen sollen: gehen, laufen, hüpfen.
Die Kinder bewegen sich entsprechend durch den Raum und achten darauf, niemanden umzustoßen.
Stoppt die Musik, sagt die Spielleitung eine neue Bewegungsart an.
Bei Beginn der Musik wird diese von den Kindern umgesetzt.

Variante 1

Die Kinder begrüßen einander im „Land der Dickbäuche", indem sie nacheinander mit allen Kindern die Bäuche vorsichtig aneinander reiben.

Variante 2

Sobald die Kinder sich ein bisschen besser kennen, begrüßen sie sich etwas fröhlicher und stürmischer: Sie stoßen vorsichtig die Bäuche zusammen und achten darauf, dass ihre PartnerInnen nicht rückwärts auf den Hinterkopf fallen.

Variante 3

Die Kinder suchen sich einen Partner oder eine Partnerin und tanzen zu zweit durch den Raum.

Variante 4

Die Kinder schieben sich paarweise durch den Raum und stoßen dabei ihre Bäuche aneinander. Das eine Kind geht vorwärts, das andere rückwärts. Danach wechseln sie die Seiten.

Der Weichboden kommt in Bewegung

Ein Weichboden muss nicht immer nur auf dem Boden liegen. Er kann mit gemeinsamem Krafteinsatz bewegt werden und alle Kinder haben viel Spaß damit.

Material: Weichboden, 2. Weichboden oder dicke Turnmatte, Klangschale; evtl. dünne Turnmatte
Anzahl: mind. 4 Kinder (je nach Größe des Weichbodens)

1. Kraftakt am Weichboden

Alter: ab 4 Jahren

Die Matte wird hochkant in den Raum gestellt.
Vier Kinder (bei einem großen Weichboden auch mehr) stellen sich nebeneinander an den Weichboden und legen ihre Hände darauf.
Sobald die Spielleitung das Signal (Klangschale) gibt, drücken alle Kinder der Gruppe gleichzeitig gegen den Weichboden und lassen sich auf die kippende Fläche fallen.
Alle heben gemeinsam mit beiden Händen den Weichboden wieder an und stellen ihn hochkant auf.
Das Spiel beginnt von vorne.

2. Matte drücken

Alter: ab 5 Jahren

Den Weichboden hochkant stellen.
An jeder Seite des hoch gestellten Weichbodens stehen vier Kinder (bei einem größeren auch mehr) nebeneinander mit dem Rücken zum Weichboden.
Auf ein Signal hin drücken die Kinder beider Gruppen leicht mit dem Rücken gegen die dicke Matte, bis sie einen deutlichen Widerstand der „Gegenpartei" spüren.
Die Kindern probieren dies eine kurze Zeit lang aus, in der mal die eine, mal die andere Partei stärker drückt.
Nach einer Pause beginnen sie von vorne.

Tipp

Häufig artet diese Aktion in einen Wettstreit aus. Da der Druck von jedem einzelnen Kind sehr unterschiedlich ausgeführt wird, kann der Weichboden unter Umständen stärker zur einen oder anderen Seite kippen und umfallen. Weichen die Kinder von der kippenden Seite nicht rechtzeitig zurück, können sie unter die fallende Matte geraten. Es ist daher sinnvoll, etwa gleichwertige Partner auf die gegenüber liegenden Seiten zu platzieren. Die Spielleitung sollte immer in der Nähe bleiben und ggf. eingreifen.

3. „Hamburger"

Fast jedes Kind hat schon einmal einen „Hamburger" gegessen. Jetzt spielen die Kinder selbst „Hamburger".

Alter: ab 3 Jahren

Eine Turnmatte oder einen Weichboden in die Mitte des Raumes legen. Das ist die eine Hälfte des „Brötchens".
Die Kinder fragen, wer das „Mett" sein möchte. Sie legen sich mit ausgestreckten Armen und Beinen bäuchlings auf die Matte, so dass die ausgestreckten Arme und der Kopf über den Mattenrand heraus gucken. Schultern, Oberkörper und Beine liegen auf der Matte.
Als zweite „Brötchenhälfte" einen weiteren Weichboden vorsichtig auf die liegenden Kinder legen.
Die restlichen Kinder der Gruppe überqueren nacheinander in verschiedenen Bewegungsformen die Matte:

- krabbelnd
- laufend
- im Häschensprung
- alle hüpfen vorsichtig auf einer Stelle des großen Weichbodens

Tipp

Kinder, die empfindlich auf Berührungsreize reagieren, müssen vorsichtig herangeführt werden. Zur langsamen Gewöhnung reicht ein Kind aus, das über die Matte (den „Hamburger") krabbelt und nicht gleich hüpft und springt.

Wichtig

Jedes Kind der Gruppe muss wissen, dass alle Spiele einen freiwilligen Charakter haben! Hier gilt, wie bei allen Spielen, das Zauberwort: „STOPP!" Wenn ein Kind das sagt, wird die Aktion sofort abgebrochen und dann ohne dieses Kind weitergemacht. Schaut es zu, sieht es den Spaß, den die anderen Kinder bei diesem Spiel haben und wird über kurz oder lang wieder mitmachen wollen.

4. Der Weichboden als Wippe

Alter: ab 3 Jahren (mit Varianten ab 5 Jahren)
Material: Weichboden, Schwebebank, 2 Turnmatten

Die Kinder stellen die Bank in die Mitte des Raumes und legen je eine Turnmatte daneben. Zusammen mit der Spielleitung legen sie den Weichboden so darüber, dass die Mitte genau auf der Bank aufliegt. Kippt der Weichboden zur einen oder zur anderen Seite, sollen die Enden des Weichbodens auf je einer Turnmatte aufstoßen, was als Sicherheit beim Aufprall für die Kinder dient, wenn der Boden kippt.

Nun probiert zunächst jeweils ein Kind aus, wie sich der Weichboden verhält, wenn es die eine Seite der „Wippe" hochkrabbelt, der Boden dann zur anderen Seite kippt, und es an der anderen Seite wieder herunterkrabbelt. Unsicheren Kindern leistet die Spielleitung Hilfestellung. Oft genügt schon das Reichen der Hand, um einem Kind die Angst zu nehmen. Je öfter die Aktion wiederholt wird, desto sicherer wird das Kind werden und schließlich keine Hilfe mehr benötigen.

Varianten
(die Bewegungsformen nach und nach im Schwierigkeitsgrad steigern)

- krabbeln
- kriechen
- robben
- laufen
- hüpfen
- an einer Seite hochkrabbeln, an der anderen herunterrutschen
- als „Baumstamm" zur kippenden Seite herunterrollen
- wie eine Schlange kriechen
- zu zweit (Anpassung an den Weichboden und den Partner bzw. die Partnerin)

Varianten ab 5 Jahren

- sich mit gespreizten Beinen in die Mitte des Weichbodens stellen und das Gewicht von einem Bein zum anderen verlagern
- sich zusammen mit einem anderen Kind mit gespreizten Beinen in die Mitte des Weichbodens stellen und das Gewicht von einem Bein zum anderen verlagern

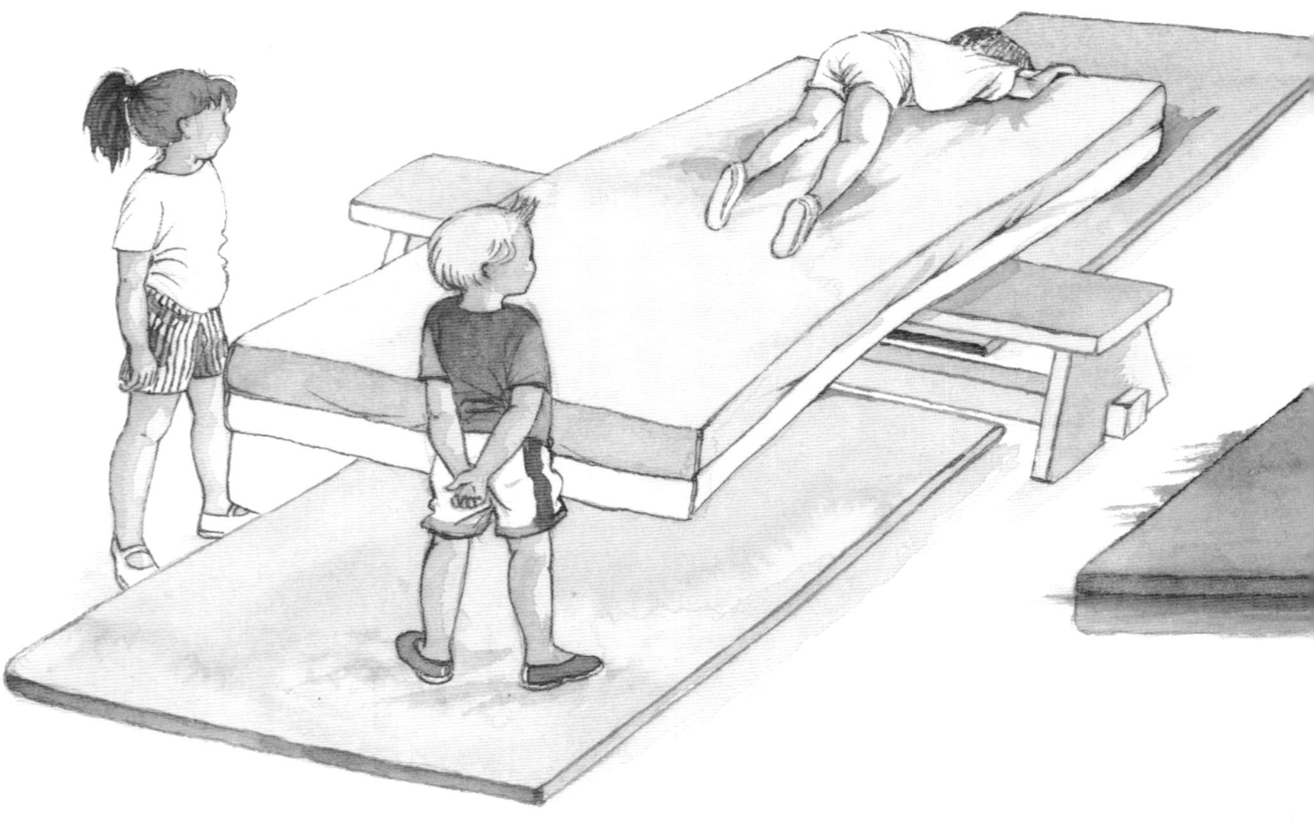

5. Landeplattform Weichboden

Alter: ab 3 Jahren (mit Varianten ab 5 bzw. 6 Jahren)

Den Weichboden mit der rauen Seite auf den Hallenboden legen.
In einigen Metern Abstand stellen sich die Kinder auf.
Sie laufen nacheinander zum Weichboden und lassen sich auf unterschiedliche Weise auf den Weichboden fallen bzw. bewegen sich darauf:

- auf dem Po landen
- in der Hocke landen
- über den Weichboden laufen
- mit geschlossenen Füßen über den Weichboden hüpfen („Häschensprung")
- auf dem Bauch landen
- rückwärts fallen lassen
- über die Matte als „Baumstamm" rollen (Arme nach oben parallel zum Kopf gestreckt, ebenso gestreckt die Beine)

Variante ab 5 Jahren

- einen Purzelbaum oder eine Rolle vorwärts machen

Variante ab 6 Jahren

- mit einer Flugrolle landen (auf die Nackenpartie achten!)

Variante mit hochgestellter Matte

Den Weichboden mit einer Seite senkrecht bzw. leicht schräg gegen die Wand stellen.
Die Spielleitung hält den Boden fest, so dass er nicht umkippen oder wegrutschen kann (evtl. zum Abstützen des Weichbodens eine dünne Turnmatte davor legen).
In einigen Metern Abstand stellen sich die Kinder hintereinander auf und laufen zum Weichboden.
Die Spielleitung stellt die Aufgabe, dass jedes Kind nacheinander, jeder nach seinen eigenen Fähigkeiten, mit dem angesagten Körperteil gegen den Weichboden läuft und bei dem Aufprall seinen Körper spürt:

- mit dem Bauch dagegen laufen
- mit dem Rücken dagegen laufen
- vorwärts bzw. rückwärts dagegen laufen
- mit geschlossenen Augen laufen

Decken-Vielfalt

Das Spiel mit einer Decke fördert gleichzeitig Körperwahrnehmung und Reaktionsfähigkeit.

Alter: ab 3 Jahren (mit Varianten ab 4 Jahren)
Material: 1 Decke pro Kind; Teile (Schuhe, Steine, Bälle oder Luftballons), die auf die Decke gelegt und gezogen werden
Anzahl: je nach Raumgröße variabel

Jedes Kind breitet seine Decke so aus, dass es gut um die Decke herumgehen kann.
Die Kinder lernen ihre Decke kennen, indem sie:

- sich auf sie setzen, stellen, legen
- unter die Decke krabbeln
- die Decke hochwerfen oder wegwerfen
- die Decke durch den Raum ziehen
- etwas auf die Decke legen, das beim Ziehen nicht herunterfallen darf: einen Schuh, einen Stein, einen Ball oder einen Luftballon.

Tipp

Bei Bewegungen durch den Raum ist es sinnvoll, die Gruppe, so sie 10 Kinder überschreitet, zu teilen, so dass ein Teil der Kinder zusieht und dabei gleich die Umsetzung der bevorstehenden Aufgabe beobachten kann.

Varianten für Kinder ab 4 Jahren

- Ein Kind setzt sich auf die Decke und lässt sich von einem anderen ziehen
- Mehrere Kinder setzen sich auf eine Decke und werden gezogen
- differenziertes Ziehen: ganz langsam – ruckartig – sehr schnell – vorwärts – rückwärts – seitwärts – in Schlangenlinien
- Die Positionen auf der Decke variieren: das Kind auf der Decke wird im Sitzen, in Bauch- oder Rückenlage gezogen
- Das Kind fest in eine Decke einwickeln und es tragen, über den Boden schieben, herauskullern oder es sich aus eigener Kraft befreien lassen
- Das Kind in der Decke schaukeln (zu zweit) – vor und zurück, hin und her (hier müssen evtl. Erwachsene helfen; gut geeignet zum Eltern-Kind-Turnen)
- Mit den vorhandenen Decken eine lange Straße legen, ein Teil der Gruppe hält die Decken fest, die anderen krabbeln oder gehen vorsichtig darüber, oder sie krabbeln als „Maulwurf“ unter den Decken durch
- Die Kinder verstecken sich unter den Decken und halten wie die Tiere „Winterschlaf“
- Die Körperteile eines unter der Decke liegenden Kindes werden ertastet und dabei benannt (paarweise).

Tipp

Die Kinder sollten bei den Partnerübungen etwa gleich schwer bzw. gleich groß sein.

Körperwahrnehmung über das Gehör

1. Horcht dem Ton ...

Diese Ruhe- und Konzentrationsübung fördert die auditive Wahrnehmung, den Hörsinn.

Alter: ab 4 Jahren
Material: Klangschale, Teppichfliesen oder Sitzkissen; evtl. Entspannungsmatten

Die Kinder setzen sich auf Teppichfliesen oder Kissen in einen Kreis.
Die Spielleitung legt sich eine Klangschale in die hohle Handfläche und schlägt sie vorsichtig am Rand an.
Alle horchen dem Ton nach, bis er nicht mehr vom Ohr wahrgenommen wird.
Die Klangschale wird an das nächste Kind weitergegeben.
So wird verfahren, bis jedes Kind einmal an der Reihe war.

Variante 1

Die Kinder schließen ihre Augen und nehmen so den Klang bewusster wahr, ohne durch visuelle Reize abgelenkt zu werden..

Variante 2

Die Kinder legen sich mit dem Rücken nebeneinander auf Entspannungsmatten.

2. „Hören" mit den Ohren, den Armen und den Beinen

Bei dieser Übung wird nicht nur die auditive Wahrnehmung geschult, die Kinder erfahren auch die Schwere und Anspannung des angehobenen Körperteils sowie die bewusste Entspannung beim Ablegen auf die Matte.

Alter: ab 3 Jahren
Material: 1 Entspannungsmatte pro Kind, evtl. 1 kleines Kissen für den Kopf, Klangschale oder Gong

Die Kinder legen sich entspannt mit dem Rücken auf ihre Matte.
Die Arme legen sie neben den Körper, die Beine strecken sie aus.
Die Kinder strecken ihren rechten Arm gerade in die Luft.
Die Spielleitung schlägt den Gong oder die Klangschale an und lässt sie ausklingen.
Die Kinder lauschen mit geschlossenen Augen dem Ton.
Wer nichts mehr hört, legt leise den ausgestreckten Arm auf die Matte.

Varianten

Die Kinder setzen andere Körperteile ein:

- den linken Arm
- das linke Bein
- das rechte Bein

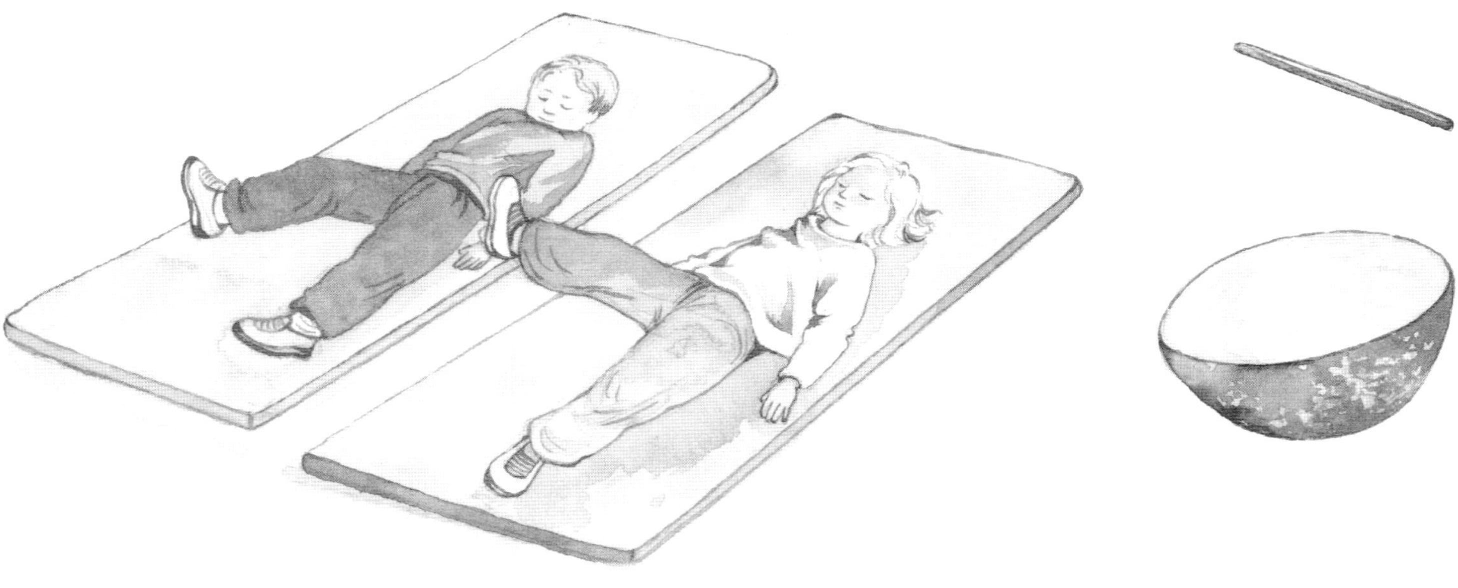

Rutschpartie

Bei dieser Übung lernen die Kinder verschiedene Materialien kennen und wie sie diese an ihren Körper anpassen können.

Alter: ab 4 Jahren
Material: Zeitungspapier, Säckchen, Staubtücher, 4 Teppichfliesen (raue bzw. glatte Seite nutzen), Erbsen- oder Reissäckchen, Schaumstoffblöcke, Stoffreste

Jedes Kind erhält zwei bzw. vier Teile der o. g. Hilfsmittel.
Diese benutzt es zur Fortbewegung über den Turnhallenboden.
Jedes Kind findet dabei selbst heraus, welche verschiedenen Bewegungsmöglichkeiten es gibt. Tempo sowie Zeitraum für die einzelnen Aktionen bestimmt jedes Kind für sich selbst:

- auf den Knien
- im Stand
- in der Hocke
- mit Händen und Füßen

Variante 1

Die Spielleitung gibt die Fortbewegungsart vor.

Variante 2

Die Kinder bewegen sich rückwärts.

Rollmops

An diesem Spiel haben nicht nur die „Rollmöpse", sondern auch die aktiven Kinder viel Spaß.

Alter: ab 3 Jahren
Material: Decke, feste Folie, Teppich, Bettdecke, Turn- und Gymnastikmatten, Klangschale

Die Spielleitung verteilt zusammen mit den Kindern die o. g. Hilfsmittel im Turnraum in Form von „Stationen" auf Turnmatten.
An jede „Station" stellen sich gleich viele Kinder.
Die Kinder rollen sich nun gegenseitig nacheinander in die Decke, Folie oder Ähnliches an ihrer „Station" ein.
Dabei achten sie darauf, dass das Kind, das eingerollt wird, in gestreckter Körperhaltung (Arme und Beine lang ausgestreckt!) eingerollt wird. Kopf und Arme schauen heraus.
Jetzt wird der „Rollmops", das eingerollte Kind, vorsichtig von der restlichen Gruppe ...

- beregnet
- mit der Hand „beklopft" oder
- mit der flachen Hand und festem Druck „gestreichelt"

Tipp

Taktil empfindliche Kinder fühlen sich durch das Einrollen häufig eingeengt und bekommen Panik. Deshalb darf jedes Kind selbst entscheiden, ob es auch einmal „Rollmops" sein möchte. Eine langsame Gewöhnung durch ein nicht zu festes Einrollen führt auch empfindlichere Kinder zur Umsetzung dieses Spiels.

Kissenschlacht

Alter: ab 4 Jahren
Material: 1 kleines Kissen pro Kind, Gong oder Klangschale

Die Spielleitung spricht die Regeln mit den Kindern ab:

- Nur an die Beine, den Po oder den Bauch mit dem Kissen schlagen
- BrillenträgerInnen setzen ihre Brillen ab und legen sie an die Seite

Auf das Zeichen des Gongschlages oder der Klangschale beginnt bzw. endet die Kissenschlacht.
Die Spielleitung achtet darauf, dass das Spiel nicht zu wild wird und legt eine Pause ein, wenn sie es für sinnvoll hält.

Tipp

Bei jüngeren Kindern möglichst kleine, überschaubare Gruppen zur Kissenschlacht zusammenstellen, damit alle den Überblick behalten. Sie müssen langsam und vorsichtig herangeführt werden. Es ist auch sinnvoll, dass sich die Kinder zunächst paarweise zusammenstellen.

Hautstimulation durch Rückenmassagen

Spiele zur Hautstimulation

Mit älteren Kinder können die Massagen paarweise durchgeführt werden, allerdings bedürfen sie zur richtigen Umsetzung einiger Übung und etwas Geduld. Die Übungen bieten sich auch für eine stille Zeit zu Hause mit Mutter oder Vater und dem Kind an.

Alter: ab 5 Jahren (wenn ein Erwachsener als Partner zur Verfügung steht),
ab 7 Jahren (wenn zwei Kinder die Massagen durchführen)

Paar-Massage

Das Kind, das massiert werden soll, setzt sich entspannt in den Schneidersitz und schließt dabei die Augen, wenn es möchte.
Kinder, die diese Form der Massage noch nicht kennen, ziehen es vor zu sehen, was mit ihnen geschieht.

1. Hand

Hand, Handgelenk und Finger werden mit festem Druck geknetet.
Die Finger werden an den Außenseiten mit kreisenden Bewegungen etwas langgezogen.

2. Finger

Die Handinnenfläche ist zum Kind gewendet.
Die einzelnen Finger werden vom Daumen zu einem Kreis zusammengeführt.

3. Faust

Die Hand zur Faust ballen. Der Daumen soll auf den anderen Fingern liegen. Dann die Faust zusammendrücken, danach die Faust öffnen und die Finger spreizen.

4. Gelenke

Die Hand des Kindes festhalten und mit dem Unterarm im Ellenbogengelenk drehen. Danach ebenso mit dem Handgelenk verfahren.

5. Arm

Der Arm wird mit festem Druck zur Schulter (zum Rumpf) massiert und vom Rumpf weg mit leichtem Druck.

6. Fuß

Das Kind sitzt im Langsitz (in aufrechter Körperhaltung mit gestreckten Beinen).
Der Fuß, die Fußsohlen, Zehen, Ferse und Sprunggelenk werden mit festem Druck geknetet.
Die Zehen werden an den Außenseiten mit kreisenden Bewegungen etwas langgezogen.
Die Zehen werden auf und ab bewegt.
Der Fuß wird vor und zurück gebeugt. Beim Anbeugen den Druck auf die Fußsohle und bei der Streckung des Fußes den Druck auf der Oberseite des Fußes verstärken.
Fuß- und Sprunggelenk passiv drehen.

7. Bein

Das Bein wird mit der flachen Hand und festem Druck gerieben (starken Druck zum Rumpf hin ausüben, vom Rumpf weg wird die Hand nur mit leichtem Druck zurückgezogen).

Abschluss der Massage kann ein liebevolles Kneifen in den Po sein.

Wichtig

Die bewusste Wahrnehmung des Körpers findet bei Kindern in ihrer Entwicklung vom Kopf zu den Füßen und von der Körpermittellinie zu den Händen statt. Folglich nehmen Kinder ihre Füße und Hände als letztes Glied der Entwicklungskette auch erst bewusst wahr, wenn die Grobmotorik und das Bewusstsein für den gesamten Körper vorhanden sind. Entwicklungsverzögerte, sprachauffällige Kinder haben deshalb häufig eine schwache Hand- und Fußwahrnehmung und können mit diesen Spielen zur Hautstimulation optimal gefördert werden.

Tipp

Auch wenn das massierte Kind beim ersten Mal noch nicht die erhoffte Entspannung und Ausdauer zeigt, sollte nicht so schnell aufgegeben werden. Es empfiehlt sich dann, zunächst mit 3–5 Minuten anzufangen und den Zeitraum von Mal zu Mal zu steigern.

Einreiben des Körpers mit unterschiedlichen Materialien

Nach dem Massieren der o. g. Körperteile kann ein Einreiben des gesamten Körpers mit unterschiedlichen Materialien für ein allgemeines „Wohlgefühl" sorgen.

Beispiele

- Einreiben des Körpers mit verschiedenen Duftölen (aus dem Drogeriemarkt)
- Einreiben des Körpers mit gut duftenden Körperlotionen nach dem Baden. Vorher kräftiges oder vorsichtiges Abfrottieren der Haut (auf die Reaktionen des Kindes achten, ob es sich dabei wohl fühlt!)
- Körper mit Rasierschaum und Pinsel bemalen. (Vorsicht bei Kindern unter 4 Jahren. Der Rasierschaum ist giftig, worauf die Kinder vorher und immer wieder zwischendurch aufmerksam gemacht werden sollten. Am besten führen alle Kinder unter 6 Jahren diese Aktion nur unter Aufsicht eines Erwachsenen durch.)

Wie soll das gehen ...?

Hinweise zur praktischen Umsetzung von Rückenmassagen

1. Rückenmassagen mit einem gesprochenen Text sind für Kinder ab etwa 4 Jahren geeignet, wenn sie selbst die Massagen bei ihrem Partner ausführen sollen. Sind die verschiedenen Techniken nach einiger Zeit bekannt und der Text nicht zu lang, können auch jüngere Kinder sie umsetzen. Dreijährige können durchaus die Rückenmassagen genießen, wenn ein älteres Kind oder ein Erwachsener sie bei ihnen ausführt.

2. Vorbereitung: Es ist sinnvoll, für diese Aktionen einen ruhig gelegenen Raum zu wählen, damit die Kinder nicht durch ein lautes Umfeld in ihrer Konzentration abgelenkt werden. Bei der Entspannung ist es gut, wenn die Fenster geschlossen bleiben, nachdem der Raum vorher gut gelüftet worden ist. Eine Steckdose zum Anschließen des CD-Players für die Entspannungsmusik darf nicht fehlen. Ebenso eine ausreichende Anzahl an Entspannungsmatten sowie kleine Kissen für den Kopf sollten je nach Anzahl der Kinder bereit liegen.

3. Vor jeder Rückenmassage die unterschiedlichen Techniken, die in der Aktion vorkommen, kurz erklären und dann mit den Kindern ausprobieren.

4. Beginnt die Massage, muss der Text **langsam** gesprochen werden, damit die Kinder ausreichend Zeit zur Umsetzung haben. Oft ist es auch sinnvoll, den Text oder die entsprechende Zeile zu wiederholen oder ergänzende Erklärungen zu geben. Das Kind, das massiert wird, soll Zeit genug haben, um das Gefühlte nachzuspüren.

5. Die einzelnen Geschichten und Übungen können von der Leitung individuell auf die Gruppe zugeschnitten und verändert werden.

6. Die Spielleitung muss sich für die Gruppe gut sichtbar platzieren. Ihre Position sollte genau wie bei den aktiven Kindern sein, so dass diese die einzelnen Massagen richtig auf dem Rücken ihrer PartnerInnen nachahmen können.

7. Die Spielleitung achtet darauf, dass alle Kinder die Anweisungen richtig umsetzen.

8. Aktionsformen

8.1. Paarmassage

- zu zweit hintereinander sitzend; das eine Kind führt die Massage aus, das andere spürt nach; dann Rollenwechsel.
- zu zweit: Ein Kind liegt bäuchlings entspannt auf der Matte, den Kopf eventuell auf einem Kuschelkissen ruhend, und spürt nach. Das Kind, das die Massage ausführt, kniet neben seinem Partner in der Höhe des Rückens; dann Rollenwechsel.

8.2 Gruppenmassage

- Ein Kind liegt bäuchlings entspannt auf einer Matte, den Kopf eventuell auf einem Kuschelkissen. Zwei bis vier Kinder knien um das liegende Kind herum und führen die angesagte Massage aus. Es wird nacheinander so getauscht, dass jeder einmal von der Kleingruppe massiert wird.

8.3. Eisenbahn-Massage

- Die Kinder sitzen hintereinander und massieren jeweils den Rücken des vorderen Kindes. Bei dieser Möglichkeit kann das einzelne Kind nicht nachhaltig die Massage auf seinem Rücken nachspüren, weil es gleichzeitig die Massage ausführen muss. Für diese Form eignen sich Massagen, die mit einem Hilfsmittel, z. B. mit Nüssen oder Kastanien, ausgeführt werden.

9. Das Zauberwort „STOPP!"
Jedes Kind, das massiert wird, kann zu jeder Zeit das Zauberwort „STOPP" sagen! Egal, ob ihm die Massage zu lange dauert, sie ihm unangenehm ist oder es eine andere Form der Massage bevorzugt! Der Partner bzw. die Partnerin muss die Tätigkeit sofort unterbrechen und sich neu absprechen. Die Kleingruppe kann eventuell auch pausieren bis wieder ein Rollenwechsel angesagt wird. In der Pause verhalten sich die Kinder dann ruhig und stören nicht.

10. Ist die Geschichte für die Kinder neu, empfiehlt sich eine Wiederholung des gesamten Textes gleich anschließend oder zu einem späteren Zeitpunkt. Kinder lieben Wiederholungen, wenn ihnen etwas gefällt.

11. Schön ist es, wenn die Kinder manche Texte als Kopie mit nach Hause nehmen dürfen. So können die Kinder ihre Eltern in ihre Tageserlebnisse einbeziehen und sie an ihren Freuden teilhaben lassen.

12. Wann ist der richtige Zeitpunkt für eine Rückenmassage?

- Im Kindergarten und in der Schule eignet sich eine Entspannungsphase (z. B. mit einer Rückenmassage) nach Tobespielen, im Stuhlkreis oder zum Ende einer Bewegungs-, Turn- oder Schulstunde.
- In der Familie bieten sich ruhige Zeiten am Tag an, z. B. zur Mittagspause oder vor bzw. nach den Hausaufgaben oder am Abend, wenn das Kind ins Bett geht.

13. Reflexion im Sitzkreis:
Sind die Übungen bzw. Rückenmassagen beendet, ist es gut, sich mit der Gruppe zu einer Gesprächsrunde, z. B. im Sitzkreis, zusammenzufinden, um sich über die Erfahrungen und das Erleben der Kinder im Gespräch auszutauschen. Bei dieser Gesprächsrunde erhalten die Kinder die Möglichkeit, ihre Sprachfähigkeiten zu vervollständigen und über ihre Empfindungen Klarheit zu gewinnen. Uns Erwachsenen gibt dies zudem die Möglichkeit, durch die Schilderungen das Berührungsempfinden der Kinder richtig einzuordnen. Zum anderen ist es eine Kontrolle, um für spätere Aktionen bei Bedarf Veränderungen vornehmen zu können. Wir erfahren dadurch z. B.:

- Was hat den Kindern gut gefallen?
- Was kann beim nächsten Mal wiederholt werden?
- War der Zeitraum für die Übung angemessen?

14. Um die Erlebnisse zu vertiefen, werden die Geschichten anschließend mit der Gruppe dargestellt, z. B. durch Malen mit unterschiedlichen Hilfsmitteln oder in Form von Bewegungen als „Theater".

Massagetechniken für Rückenmassagen

Bevor mit einem Kind oder einer Gruppe eine Rückenmassage durchgeführt wird, sollten die Techniken, die in der Massage vorkommen, von der Spielleitung benannt und mit allen Kindern ausgeführt werden. Das ist besonders wichtig, wenn die umzusetzende Massage neu eingeführt wird bzw. für die Kinder diese Aktionen noch „Neuland" sind. Haben Sie bitte Geduld, auch wenn die Rückenmassagen am Anfang nicht den von Ihnen gewünschten Erfolg zeigen. Je öfter sie praktiziert werden, desto vertrauter wird beiden Seiten das Umsetzen werden, und desto besser kann das massierte Kind entspannen und genießen.

Es gibt unterschiedliche Massagetechniken:

- die Hände flach auflegen und fest andrücken
- mit den flachen Händen leicht auf den Rücken klopfen
- mit einem Finger (oder mehreren) auf den Rücken klopfen
- mit zwei Fingern gehen
- mit allen Fingern trommeln
- mit den Händen vom Nacken über die Schulterblätter und den Rücken bis zum Po streichen
- mit den Nägeln streichen
- mit den Knöcheln der Faust drücken
- mit den Handkanten drücken
- mit den Handkanten trommeln/klopfen
- mit zwei Fingern (Zeigefinger) malen
- mit parallel gesetzten Fäusten über den Rücken streichen
- Fingernägel wechselweise vorwärts schieben
- den Zeigefinger auf und nieder bewegen (wie kratzen) und dabei über den Rücken rutschen wie eine Raupe
- mit dem Pinsel: streichen, auf der Stelle hin und her drehen, hin und her rütteln, tupfen, kurze Striche ausführen

Haben Sie eigene Ideen zu Rückenmassagen, können Sie die oben aufgeführten Möglichkeiten gut dafür verwenden.

Auch das Kuscheltier braucht mal eine Massage

Alle Kinder bringen gerne ihre Kuscheltiere von Zuhause mit – diesmal stehen sie im Mittelpunkt. Bevor die Kinder einzelne Massage-Techniken am Partner ausprobieren, massieren sie ihr Kuscheltier. Das macht ihnen nicht nur sehr viel Spaß, sondern sie riskieren auch keinen Protest, wenn sie die Rückenmassage noch ungeübt und etwas ungeschickt, d. h. zu fest, zu zart oder zu kitzelig ausführen.

Tipp

Bieten Sie ab 3 Jahren zwei bis höchstens drei sehr einfache Massageformen an, ab 4 Jahren können Sie die Massagemöglichkeiten in der Schwierigkeit der Umsetzung und des zeitlichen Umfangs langsam steigern!

Fantasiereisen mit Rückenmassagen

Dein Rücken soll ein Malblatt sein ... ⊙ 1

Alter: ab 4 Jahren
Material: Bodenmatte als Unterlage; evtl. CD-Spieler, CD „Streicheltöne – Wohlfühlmassagen"
Vorbereitung: s. S. 22 ff.

Die Spielleitung stimmt die Gruppe mit folgenden oder ähnlichen Worten in die Massage ein:

„Stellt euch einmal vor, euer Rücken wäre ein großes Stück Papier. Auf dieses Malblatt möchte ich jetzt mit euch ein Gesicht malen. Euer Zeigefinger wird der Malstift sein. Konzentriert euch auf das, was ich sage, und malt das mit eurem Zeigefinger mit festem Druck auf den Rücken eures Partners oder eurer Partnerin.

Dein Rücken soll ein Malblatt sein,
drum lad' ich dich zum Malen ein.
mit der flachen Hand über den ganzen Rücken streichen

Ich male dir jetzt ein Gesicht,
und das ist rund, doch siehst du's nicht.
mit dem Finger einen großen Kreis malen

Was spürst du jetzt? Es sind zwei Augen,
die auch bei dir zum Sehen taugen.
zwei Augen malen

Mit deiner Nase riechst du dann,
was blüht und was man essen kann.
einen Strich als Nase malen

Dein Mund kann viele Dinge machen,
kann sprechen, singen und auch lachen.
einen lachenden Mund malen

Auch deine Ohren, die sind wichtig,
denn damit hörst du alles richtig.
zwei Ohren an den Seiten malen

Zum Schluss sind dann die Haare dran,
die haben Frauen, Kinder, Mann.
Haare als Struwwelkopf malen

Alle sind anders, wie ihr wisst,
drum bleib auch du so, wie du bist."
langsam mit der Hand vom Nacken bis zur Hüfte hin und her streichen. Bei „bist" 1 x fest mit beiden Händen auf den Rücken drücken

Es wird Frühling ...

Alter: ab 4 Jahren
Material: Bodenmatte als Unterlage
Vorbereitung: s. S. 22 ff.

Die Spielleitung stimmt die Gruppe mit folgenden oder ähnlichen Worten in die Massage ein:

„Nach einem langen, kalten Winter freuen sich alle Menschen auf den Frühling. Langsam schmilzt der Schnee. Die Sonnenstrahlen werden wärmer. Die ersten Frühlingsblumen strecken ihre Blüten der Sonne entgegen, die jetzt immer häufiger scheint. Bald kann der dicke Winteranorak im Schrank bleiben, und wir dürfen wieder ohne Jacke nach draußen zum Spielen gehen. Lasst uns nun eine Reise in den Frühling machen, die unsere Vorfreude auf die warme Jahreszeit steigern soll.

Warme Sonnenstrahlen fallen
auf die Bäume, auf das Gras.
Sonne auf den Rücken malen
Regen fällt in dicken Tropfen,
macht die ganze Erde nass.
mit allen zehn Fingern auf den Rücken regnen lassen

Blumenzwiebeln in der Erde
träumen ihren Wintertraum.
Blumenzwiebeln malen
Frühlingssonne wärmt den Boden,
strahlt auf Erde, Busch und Baum.
mit beiden Handflächen mehrmals von oben kräftig auf den Rücken drücken

Alle Zwiebeln in dem Boden
wachen von der Sonne auf,
mit der flachen Hand über den Rücken streichen
strecken ihre kleinen Hälse
zu dem Licht am Himmel rauf.
alle fünf Finger mit den Nägeln von der Hüfte bis zum Nacken ziehen

Kommt ein Häschen angesprungen,
hoppelt übers Blumenbeet,
Zeige- und Mittelfinger von beiden Händen „hüpfen“ gleichzeitig über den Rücken
wo die Mutter hat im Garten
reichlich Samen ausgesät.
flache Hand streicht über den Rücken

Häschen hoppelt hier- und dorthin,
guckt und sucht in allen Ecken,
Zeige- und Mittelfinger von beiden Händen „hüpfen“ kreuz und quer über den Rücken
um zum Osterfest den Kindern
bunte Eier zu verstecken.
mit beiden Händen in die Achselhöhlen fassen

Am Ostertag dann laufen alle
Kinder in den Garten raus,
mit allen zehn Fingern über den Rücken laufen
finden bunte Ostereier
in den Hecken hinterm Haus.

Und der Langohr ‚Hase Hoppel'
lacht über die Kinderschar.
Hasen mit langen Ohren malen
‚Tschüs, ihr Lieben, ich komm wieder
ganz bestimmt im nächsten Jahr!'“
Zeige- und Mittelfinger von beiden Händen „hüpfen“ über den ganzen Rücken

Gartenarbeit

Im Frühling gibt es viel Arbeit im Garten, damit später Gemüse und Obst geerntet werden können. Deshalb heißt es heute: Spaten, Hacke und Harke aus dem Geräteschuppen geholt und an die Arbeit gemacht! Auch die Gießkanne und die kleinen Pflänzchen, die wir in der Gärtnerei gekauft haben, dürfen nicht vergessen werden.

Alter: ab 5 Jahren
Material: 1 Entspannungs- oder Turnmatte pro Paar, evtl. ein kleines Kissen für den Kopf
Vorbereitung: s. S. 22 ff.

Ein Kind legt sich bäuchlings auf die Matte, ein weiteres Kind kniet daneben, um die Rückenmassage auszuführen.

Die Spielleitung trägt mit ruhiger Stimme die Geschichte vor:

„Heute wollen wir in den Garten gehen, um dort zu arbeiten. Zunächst müssen wir die Beete vorbereiten. Die Erde ist von den Sonnenstrahlen ganz warm.
Mehrere Male mit der flachen Hand vom Nacken bis zum Po streichen

Zuerst wird die Erde umgegraben. Das ist immer eine ziemliche Anstrengung.
Hände auf die Schulterblätter legen und in Kreisform zur Wirbelsäule und zurück zu den Seiten fest massieren

Danach werden unsere Beete gehackt.
Handkanten schnell und kräftig von den Schultern bis zum Po auf und ab bewegen

Die Erde muss ganz fein gehackt sein, deshalb zerkrümeln wir sie zwischen den Fingern, denn es darf kein Steinchen dazwischen sein.
Hals-, Schulter- und Nackenmuskeln vorsichtig kneten, als würde Erde zwischen den Fingern zerkrümelt

Für die kleinen Setzlinge machen wir dann die Erde glatt.
Arme überkreuzen. Die rechte Hand fasst die linke, die linke Hand die rechte Seite des Körpers an. Die Hände mit kräftigem Druck mehrmals quer über den Rücken ziehen

Zwischen den Beeten in der Mitte mache ich einen Weg, auf dem wir entlanggehen können.
Hände zu Fäusten ballen und mit den Fingerknöcheln vom Po bis zum Hals neben dem Rückgrat entlangfahren (nicht auf der Wirbelsäule!)

Nun kann ich endlich die Samen aussäen: eine Reihe Möhrchen, eine Reihe Radieschen, eine Reihe Kohlrabi ...
Überall, wo Samen in die Erde gesetzt werden sollen, mit dem Zeigefinger leicht auf den Rücken bohren

Und jetzt warten wir geduldig, bis alles wächst und größer wird.
Beruhigend mit den Fingerspitzen in Wellenbewegungen von den Schultern bis zum Po hinunterfahren

Bevor ich den Garten verlasse, hole ich noch eine Gießkanne voll Wasser und begieße die Beete."
Alle zehn Finger trommeln vorsichtig über den ganzen Rücken

Futtersuche auf dem Bauernhof

Die Kinder machen einen Ausflug zu einem Bauernhof und sind gespannt darauf, welche Tiere dort wohnen. Sobald sie auf den Hof kommen, sehen sie eine Henne mit ihren Küken, die aufgeregt hinter ihrer Mutter hertippeln.

Alter: ab 3 Jahren (passiv), ab 4 Jahren (aktiv)
Material: 1 Stuhl pro Kind, evtl. Bodenmatte als Unterlage oder zu Hause mit der Mutter oder dem Vater auf dem Sofa
Vorbereitung: s. S. 22 ff.

Die Spielleitung beginnt mit folgenden oder ähnlichen Worten die Massage:

„Setzt euch bitte so eurem Partner gegenüber auf zwei Stühle (oder im Scheidersitz auf die Erde), dass das Kind, das die Massage bekommt, seinen Arm ausgestreckt und entspannt bei seinem Partner auf den Schoß oder auf sein Knie legen kann. Dann lässt das andere Kind die Henne mit ihren Küken vom Handgelenk über den Unterarm bis zur Ellenbogenbeuge und zurück laufen.

Die Henne auf dem Bauernhof
läuft eifrig hin und her,
auf dem Unterarm den Zeige- und Mittelfinger im Wechsel vom Handgelenk zur Ellenbogenbeuge bewegen
pickt ständig dabei Körner auf,
ein leckerer Verzehr!
mit den Fingerkuppen mehrmals auf den Arm drücken

Die Küken laufen los geschwind
und machen es ihr nach.
wie oben auf dem Unterarm den Zeige- und Mittelfinger im Wechsel vom Handgelenk bis zur Ellenbogenbeuge bewegen
Sie folgen ihrer Mutter
bis zu dem kleinen Bach.
Wellen auf den Arm malen

Und morgen geht das wieder so,
sie laufen nie allein,
auf dem Unterarm den Zeige- und Mittelfinger im Wechsel vom Handgelenk zur Ellenbogenbeuge bewegen
bis alle Küken endlich groß,
werd'n sie zusammen sein."
Zum Abschluss mit der flachen Hand über den ganzen Arm streichen

Ein Schmetterling entsteht ...

Alter: ab 5 Jahren
Material: 1 Entspannungsmatte, evtl. 1 kleines Kissen, Klangschale oder Gong; evtl. Teppichfliesen
Vorbereitung: s. S. 22 ff.

Die Kinder tun sich paarweise zusammen.
Ein Kind legt sich bäuchlings auf eine Matte, das andere kniet daneben und führt die Massage aus.

Die Leitung führt die Kinder mit etwa folgenden Worten in die Massage ein:

„Wer von euch hat schon einmal eine kleine Raupe über den Waldboden oder auf einem Baumstamm kriechen sehen? Wisst ihr, was aus dieser kleinen Raupe einmal wird? Sie wird eines Tages ein wunderschöner bunter Schmetterling werden. Auf dieser Reise wollen wir die kleine Raupe einmal begleiten. Habt ihr Lust mitzumachen?

In einem großen Garten stand ein prächtiger alter Apfelbaum. Er hatte dicke Äste und kräftige grüne Blätter.
Alle malen einen alten Apfelbaum mit dicken Ästen und großen Blättern

Auf einem dieser Blätter lag ein kleines weißes Ei.
das Ei malen

Und eines Nachts machte es plötzlich „knack".
die Handkante kurz auf den Rücken drücken

Aus dem weißen Ei schlüpfte eine kleine grüne Raupe, die vorsichtig auf dem Ast des Apfelbaumes entlangkrabbelte.
den Zeigefinger auf dem Rücken hin und her bewegen – kratzen – und dabei vorwärts „gehen"

Sie krabbelte langsam und bedächtig den dicken Stamm des Baumes hinunter, bis sie auf der Wiese angekommen war.
weiter als Raupe mit dem Zeigefinger „kriechen"

Die kleine Raupe krabbelte im Gras hin und her, mal hierhin und mal dorthin. Fraß hier von einem heruntergefallenen Apfel und knabberte dort von einem grünen Salat, der im Garten gepflanzt war.
weiter im Zick-Zack als Raupe durch den Garten kriechen. Wenn sie etwas frisst, mit dem Fingernagel auf der Stelle kratzen

Auf einmal war sie so dick und rund geworden, dass sie sich kaum noch bewegen konnte. Sie

wurde müde, rollte sich zusammen und schlief ein, nachdem sie einen großen Kokon (ein Haus) um sich herum gesponnen hatte.
einen großen, eiförmigen Kokon malen

Die kleine Raupe versank in einen tiefen Schlaf.
Die Spielleitung schlägt leise Klangschale oder Gong an. Die Kinder streichen ihren PartnerInnen langsam mit der flachen Hand und leichtem Druck vom Nacken zur Hüfte hin und her

Die kleine Raupe träumte in ihrem Kokon einen wunderschönen Traum vom Fliegen. Sie träumte davon, nicht mehr auf der Erde kriechen zu müssen. Sie fliegt nun mit leichtem Flügelschlag über eine bunte Sommerwiese und setzt sich von einer Blüte auf die andere.
Da wurde sie plötzlich wach und spürte, dass sich irgendetwas verändert hatte.
einige Male mit beiden Händen ganz langsam und fest auf den Rücken drücken

Als sie sich betrachtete, bemerkte sie, dass sie ein wunderschöner Schmetterling geworden war mit einem schwarzen Körper, großen Augen, kleinen dunklen Fühlern und großen bunten Flügeln. Der Traum der kleinen Raupe war Wirklichkeit geworden!
einen großen Schmetterling auf den Rücken malen

Sie breitete ihre Flügel aus und flog mit leichtem Flügelschlag über die bunte Sommerwiese davon.
Daumen und Innenhandkanten zusammendrücken und gleichzeitig beide Handflächen mehrmals leicht auf den Rücken drücken

Ihr bleibt jetzt noch einen Augenblick auf eurer Matte liegen und stellt euch vor, wie der Schmetterling über die Wiese davonfliegt ...
Nun zähle ich langsam rückwärts von 10 bis 1. Bei der Zahl 5 öffnet ihr eure Augen und kommt langsam in den Raum zurück, streckt euch und setzt euch dann auf, damit ihr die Rolle mit eurem Partner tauschen könnt. 10 – 9 – 8 – 7 – 6 – 5 – 4 – 3 – 2 – 1."

Jetzt tauschen die Kinder ihre Rollen, damit jedes Kind einmal massiert wird.

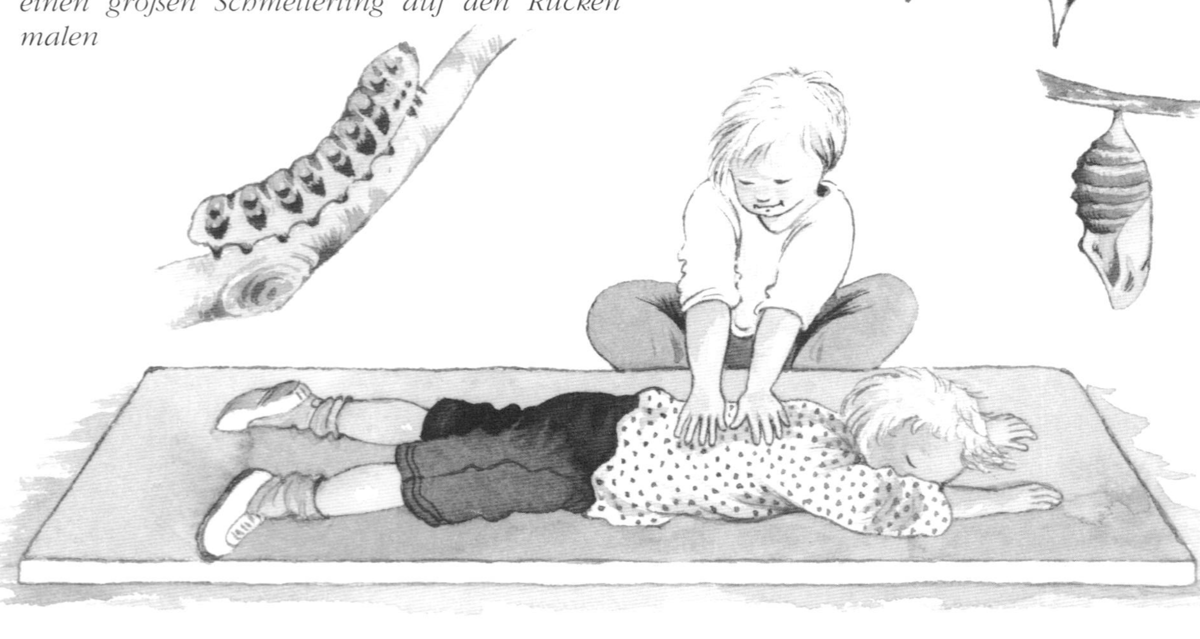

Autowaschstraße

Die Kinder spielen Autos in der Waschstraße und massieren sich so gegenseitig.

Alter: ab 3 Jahren
Material: Bodenmatte als Unterlage;
evtl. 1 Teppichfliese pro Kind, 1 Rollbrett
Vorbereitung: s. S. 22 ff.

Die Kinder bilden Paare und suchen sich eine Matte für die Massage aus.
Ein Kind legt sich bäuchlings auf die Matte, das andere führt die angesagten Bewegungen auf dem Rücken aus.

Die Spielleitung leitet die Geschichte mit etwa folgenden Worten ein:

„Wer von euch hat mit dem Vater oder der Mutter schon einmal ein Auto gewaschen? Heute ist unser Auto so schmutzig, dass wir das nicht vor der Haustür waschen können. Wir müssen zu einer Autowaschstraße fahren. Habt ihr Lust mitzukommen? Ich lade euch ein.

Zunächst wird unser Auto mit dem dicken Schlauch abgespritzt, damit der Dreck heruntergespült wird.
Mit allen Fingern vom Nacken bis zu den Füßen leicht trommeln

So leicht, wie wir dachten, geht der Schmutz vom Auto nicht herunter. Deshalb stellen wir jetzt die Schaumdüse an, die unser Auto tüchtig mit Schaum einseift.
Mit der flachen Hand vom Nacken bis zu den Füßen leicht klopfen

Aber das alleine reicht auch nicht aus. Die großen Waschbürsten werden angestellt, die den Lack von unserem Auto gründlich reinigen sollen.
Die Fäuste führen mit leichtem Druck kreisende Bewegungen vom Nacken bis zu den Füßen aus

Nun ist unser Auto fast sauber. Jetzt muss nur noch der Schaum mit einem kräftigen Wasserstrahl abgespritzt werden.
Die flachen Hände streichen einzeln mit kreisenden Bewegungen und leichtem Druck über den Körper

Damit das Auto schön glänzt, polieren wir es zum Schluss noch mit Hochglanzpolitur.
Die Handflächen führen vom Nacken über den Rücken bis zu den Füßen kurze, kräftige und lang gezogene Bewegungen aus (reiben)

Nun kann das Auto nach Hause fahren. Es sieht wieder wie neu aus."
Einmal beide Hände mit Druck über den Rücken gleiten lassen, als ob das Auto aus der Autowaschstraße herausgeschoben würde

Variante 1

Die Kinder stellen sich als „Autowaschstraße" in zwei Reihen gegenüber auf.
Ein Kind geht als „Auto" langsam durch diese Reihe und wird „gewaschen".
Zum Schluss wird das „Auto" vorsichtig aus der „Waschanlage" geschoben.

Variante 2

Die Teppichfliesen in zwei Reihen gegenüber legen.
Jedes Kind kniet sich auf eine Teppichfliese.
Das Kind, das als Auto durch die „Waschstraße" fahren möchte, legt sich bäuchlings auf ein Rollbrett.
Das „Auto" darf sich bei jeder Durchfahrt wünschen, was mit ihm gemacht werden soll, z. B. „beregnen", „beklopfen", „trocken reiben" etc.
Zum Schluss das „Auto" vorsichtig aus der „Waschanlage" schubsen.

Gewitter

Alter: ab 4 Jahren
Material: Bodenmatten als Unterlage
Vorbereitung: s. S. 22 ff.

Die Kinder bilden Paare und suchen sich eine Matte für die Massage aus.
Ein Kind legt sich bäuchlings auf die Matte, das andere führt die angesagten Bewegungen auf dem Rücken aus.

Die Spielleitung beginnt die Geschichte mit etwa folgenden Worten:

„Ein Gewitter im Sommer nach einem heißen Tag hat sicher jeder von euch schon einmal erlebt. Wie ging es euch, als der Regen gegen die Fensterscheiben prasselte, grelle Blitze am Himmel leuchteten und ein lautes Donnern folgte? Die meisten von euch haben bestimmt Herzklopfen bekommen und einige hatten vielleicht auch Angst. Aber ein Gewitter kommt und geht wieder vorüber. Wie das ist, könnt ihr jetzt mit einer Rückenmassage vom Gewitter erleben.

Dunkle Wolken stehn am Himmel,
mit beiden Händen sanft auf Arme, Rücken, Schultern drücken
erste Regentropfen fallen,
mit den Fingerspitzen sanft auf den Rücken tippen
immer schwärzer wird der Himmel,
wo sich dunkle Wolken ballen.
mit beiden Händen sanft auf Arme, Rücken, Schultern drücken

Es beginnt auch schon zu stürmen,
überall kräftig hin und her streichen
Regentropfen prasseln nieder.
mit den Fingerspitzen schneller und stärker auf den Rücken tippen
Da! Ein Blitz am hohen Himmel!
mit einer Fingerkuppe im Zickzack von oben nach unten über den Rücken streichen
Donner folgt darauf wieder.
mit beiden Fäusten auf der Stelle trommeln
Auch der Sturm wird immer stärker,
pfeift und heult, so laut er kann.
überall kräftig hin und her streichen
Regen trommelt an die Scheiben,
mit den Fingerspitzen schnell auf den Rücken tippen
auf den Wegen Matsch und Schlamm.

Wieder blitzt es hoch am Himmel,
mit einer Fingerkuppe im Zickzack von oben nach unten über den Rücken streichen
leuchtet hell das Firmament,
und der Donner folgt mit Grollen,
mit beiden Fäusten auf der Stelle trommeln
wie es jeder von uns kennt.

Plötzlich legt der Sturm sich leise,
vorsichtig mit der Hand streichen
Regen, der hört langsam auf.
Vögel singen in den Zweigen,
ein Regenbogen zieht herauf.
beide Hände auf den Nacken legen und einen Bogen mit den Händen über Schultern und Rücken bis zur Hüfte beschreiben

Und ich liege in der Sonne,
warm ist es und angenehm,
langsam mit beiden Händen über den Rücken hin und her streichen
wohlig streck' ich mich im Grase,
mache es mir nun bequem."
Handflächen fest auf den Rücken drücken und kurze Zeit ruhen lassen

Am Meer

Alter: ab 4 Jahren
Material: Bodenmatte als Unterlage, CD-Spieler, CD mit Entspannungsmusik (Meeresrauschen)
Vorbereitung: s. S. 22 ff.

Die Kinder bilden Paare und suchen sich eine Matte für die Massage aus.
Ein Kind legt sich bäuchlings auf die Matte, das andere führt die angesagten Bewegungen auf dem Rücken aus.

Die Spielleitung leitet die Geschichte mit etwa folgenden Worten ein:

„In der Urlaubszeit fahren viele Menschen zur Erholung ans Meer. Sie sitzen dort im Strandkorb und sonnen sich. Sie gehen im Meer baden oder machen lange Strandspaziergänge. Sie atmen die frische, salzige Meerluft und bewundern die Meeresschätze, die an den weißen Strand gespült werden. Wir wollen einmal den Urlaubern ans Meer folgen und mit ihnen einen Strandspaziergang machen.

Mit brausend weißen Kronen
rauschen Wellen an den Strand,
mit der Hand über den Rücken streichen
schieben sachte Meeresschätze
auf den weißen Sand.

Muscheln weiß und gelb und schwarz,
klein und groß und braun,
rund und glatt und schmal und spitz,
herrlich anzuschauen!
mit dem Zeigefinger runde und spitze Formen auf den Rücken malen

Mit brausend weißen Kronen ...

Eine ganze Krebsfamilie
geht im gleichen Schritt
mit dem Zeige- und Mittelfinger seitlich im Wechsel über den Rücken „spazieren"
im Krebsgang seitlich über'n Sand,
die Welle nimmt sie mit.
1 x schnell mit der Hand über den Rücken streichen

Mit brausend weißen Kronen ...

Ein Fisch, der sich im Meer verirrt,
wird an den Strand getrieben.
mit dem Zeigefinger Fische auf den Rücken malen
Er schnappt nach Luft und bleibt danach
still in der Sonne liegen.

Mit brausend weißen Kronen ...

An dem Spülsaum liegen Steine,
weit trug sie das Meer,
Kreise und Ovale auf den Rücken malen
in allen Farben und mit Löchern,
mit der Fingerkuppe auf den Rücken drücken
leicht und groß und schwer.
leicht und stark mit der flachen Hand auf den Rücken drücken

Mit brausend weißen Kronen ..."

Wenn die Steine lebendig werden ... ⊙ 5

Eine Fantasiereise vom Meer

Viele Kinder haben schon einmal von einer Urlaubsreise ans Meer Erinnerungen mitgebracht, die das Meer an den Strand gespült hat: Muscheln, Seesterne oder Steine. Es gibt unzählige Dinge, die sie am Meer finden können.

Alter: ab 5 Jahren
Material: 1 blaues Tuch, verschiedene Steine (z. B. Kieselsteine in unterschiedlichen Größen, Oberflächen und Farben), Matten zum Entspannen, evtl. kleine Kissen für den Kopf, Gong oder Klangschale, CD-Spieler, CD mit Meeresrauschen oder CD „Streicheln – Wohlfühlmassagen"; evtl. wasserfeste Filzstifte, Tuschfarben, Klarlack
Vorbereitung: s. S. 22 ff.

In die Mitte des Raumes ein blaues Tuch mit Steinen verschiedener Größe, Oberflächenstruktur und Farbe legen. Die Matten sternförmig um das blaue Tuch gruppieren.
Die Kinder setzen sich auf die Matten.
Die Gruppenleitung beginnt ein kurzes Gespräch über die Steine mit Fragen wie:

- Wo kommen solche Steine vor?
- Wer von euch hat solche Steine schon einmal in der Natur gesehen und gesammelt? etc.

Jedes Kind nimmt sich aus der Mitte einen Stein, der ihm besonders gut gefällt.
Nacheinander beschreiben die Kinder die Eigenschaften ihrer Steine, z. B. groß, klein, schwer, leicht, rau, glatt.
Die Kinder bilden Paare. Ein Kind legt sich bäuchlings auf die Matte, das andere kniet sich daneben.

Die Spielleitung stellt leise Entspannungsmusik mit „Meeresrauschen" an und leitet die Geschichte mit etwa folgenden Worten ein:

„Seid ihr schon einmal am Meer gewesen? Kommt mit, ich lade euch ein, mit mir einen Strandspaziergang zu machen. Barfuß gehen wir über den Sandstrand.
mit zwei Fingern im Wechsel auf dem Rücken hin und her gehen

Wir spüren den weichen Sand unter unseren nackten Füßen und kommen so an den Spülsaum des Meeres.
Mit brausenden weißen Schaumkronen rollen die Wellen an den Strand.
mit den Händen mit leichtem Druck vom Nacken über die Schulterblätter zum Po streichen und zurück

Wenn sie zurückrollen, hinterlassen sie auf dem feinen Sandstrand ihre Meeresschätze. Dort liegen außer Muscheln, Seetang und Quallen die schönsten Steine in allen Größen und Farben. Wir bücken uns, um einige von ihnen aufzuheben. Es gibt große, runde Steine ...
über den ganzen Rücken große Kreise malen

... und kleine, runde Steine, die den Kieselsteinen ähnlich sind. Das Meer hat ihnen ihre Form gegeben und sie so rund gewaschen, wie sie jetzt sind.
über den ganzen Rücken kleine Kreise malen

Aber es gibt auch noch andere. Sie sind eckig: dreieckig, viereckig und mit vielen spitzen Kanten.
eckige Formen malen

Einige sind oval wie ein Ei und leuchten in den schönsten Farben.
ovale Formen malen

Als wir die Steine so am Meeresstrand betrachten, passiert plötzlich etwas Merkwürdiges:
Die Spielleitung schlägt 1 x gegen die Klangschale oder den Gong

Die Steine werden lebendig. Sie beginnen, die Gestalt eines Tieres anzunehmen. Seht dort den schwarzen langen Stein!
ovalen Stein malen

Er bekommt plötzlich sechs Beine: eins – zwei – drei – vier – fünf – sechs!
sechs Striche als Beine malen

Außerdem zwei Augen: eins – zwei,
zwei Augen malen

und zwei lange Fühler: eins – zwei.
zwei Striche als Fühler malen

Jetzt krabbelt er über den weißen Sand und läuft auf die Dünen zu.
mit Zeige- und Mittelfinger wechselweise über den Rücken spazieren

Ein roter runder Stein bekommt plötzlich Flügel. Wir können deutlich schwarze Punkte auf seinem Rücken erkennen. Es sind sechs Stück: eins – zwei – drei – vier – fünf – sechs.
sechs Punkte auf den Rücken malen

Zwei schwarze Knopfaugen ...
zwei Augen malen

... und zwei Fühler: eins – zwei, vervollständigen den Marienkäfer.
zwei Fühler malen

Der Marienkäfer breitet jetzt seine Flügel aus und fliegt davon.
1 x alle fünf Nägel einer Hand vom Po über den Rücken zum Nacken ziehen

Wir kommen aus dem Staunen nicht heraus. Da sehen wir, wie sich ein langer weißer Stein zusammenschiebt. Er teilt sich in einzelne Körperglieder auf, und wir erkennen eine lange Raupe, die langsam über den Strand kriecht.
die Knöchel der geballten Faust auf den Rücken drücken und langsam vom Po bis zum Nacken vorwärtsschieben

Ihre Fühler tasten sich über den nassen Sand bis zum Dünengras, wo sie im Schatten liegen bleibt, um sich auszuruhen.
beide Fäuste 1 x fest auf den Rücken drücken

Und was passiert mit dem kleinen braunen Stein?
einen kleinen Stein malen

Er arbeitet sich unter den vielen anderen Steinen hervor und läuft mit seinen sechs kleinen Beinen: eins – zwei – drei – vier – fünf – sechs ...
sechs Striche malen

... so schnell, dass wir ihn kaum mit den Augen verfolgen können, im Zick-Zack über den weißen Sand ...
mit zwei Fingern im Zick-Zack über den Rücken laufen
... genauso schnell ist er im hohen Dünengras verschwunden.

‚Was passiert da?', denken wir noch und sehen wieder auf das Meer mit seinen weißen Schaumkronen.
mit den Händen vom Nacken über die Schulterblätter zum Po hin und her streichen. Die Spielleitung schlägt gegen den Gong oder die Klangschale

Wir blicken auf die vom Meer angespülten Steine. Da liegen sie, die runden, eckigen, großen und kleinen Steine. Jeder erzählt uns seine eigene Geschichte.
jeweils die entsprechende Form auf den Rücken malen

Die Wellen des Meeres spülen über die Steine hinweg.
mit der Handkante mehrmals vom Nacken über den Rücken bis zum Po fahren

Wo sind die Käfer geblieben, die eben noch über den Sandstrand gekrabbelt sind? Haben wir das alles nur geträumt? Da kommt eine riesige Welle auf uns zu.
ein letztes Mal schnell mit der Handkante über den Rücken fahren

Wir laufen, so schnell wir können, weg ...
mit zwei Fingern über den Rücken laufen

... und legen uns zum Ausruhen in die Dünen.
beide ausgestreckten Hände 1 x langsam und fest auf den Rücken drücken

Warm scheint die Sonne auf uns nieder.
die flache Hand mit gespreizten Fingern auf den Rücken auflegen und andrücken. Das mehrfach langsam wiederholen

Entspannt schlafen wir ein."

Abschluss

Noch 1–2 Minuten oder länger – je nach Alter der Kinder – leise die Entspannungsmusik mit dem Meeresrauschen spielen lassen.
Bevor der Rollentausch stattfindet, die Musik langsam leiser stellen.
Die Spielleitung holt die Kinder, die massiert wurden, mit folgenden Worten zurück:

„Kommt jetzt wieder langsam zurück, indem ihr euch auf eurer Entspannungsmatte spürt. Ihr öffnet eure Augen und streckt euch auf eurer Matte aus: Erst streckt ihr die Arme ..., dann die Beine ..., dann die Arme und die Beine ... Macht euch ganz lang und rollt euch nun über die Seite zum Sitzen."

Nun findet der Rollentausch statt.

Tipp

Nach dem 2. Durchgang darf sich jedes Kind einen Stein aussuchen,

- um ihn als Erinnerung an die Fantasiegeschichte mit nach Haus zu nehmen.
- um in der Gruppe bzw. Klasse aus dem ausgewählten Stein ein Tier aus der Fantasiereise vom Meer mit wasserfesten Filzstiften oder Tuschfarben zu gestalten und ihn anschließend zu lackieren, wenn das Gemalte getrocknet ist.
- um in der Gruppe bzw. Klasse daraus ein „Tischtheater" zu gestalten und anschließend gemeinsam zu spielen. Dadurch wird das Erlebte ins Gedächtnis zurückgerufen, Merk- und Sprachfähigkeit werden gefördert.

Piratenreise ⊙ 6

Wenn Piraten aufs Meer hinausfahren, dann haben sie immer einen geheimnisvollen Plan. Sie entern andere Schiffe und suchen nach Schätzen. Auf jeden Fall sind sie unerschrocke und mutig, und nichts und niemand kann sie von ihren Vorhaben abbringen.
Bei dieser Rückenmassage begeben sich die Kinder auch auf Piratenreise.

Alter: ab 4 Jahren
Material: Bodenmatte als Unterlage, CD-Spieler, CD „Streicheltöne – Wohlfühlmassagen"
Vorbereitung: s. S. 22 ff.

Die Kinder bilden Paare und suchen sich eine Matte für die Massage aus.
Ein Kind legt sich bäuchlings auf die Matte, das andere führt die angesagten Bewegungen auf dem Rücken aus.

Die Spielleitung spricht ruhig und langsam und führt die Massage exemplarisch vor:

„Piraten fahren auf dem Meer,
ihr Schiff, das schaukelt hin und her.
mit den Fingerspitzen Wellen malen

Es kommt ein Sturm mit lautem Grollen,
Fäuste trommeln auf den Rücken
die Wellen übers Schiff wegrollen.

Da hört man's plötzlich ganz laut krachen,
Mit den Handkanten wechselweise auf den Rücken klopfen
und die Piraten ganz laut lachen.

Ihr Schiff, das kentert auf dem Meer,
1 x mit beiden Handflächen auf den Rücken klatschen
das ärgert die Piraten sehr.

Sie schwimmen alle an den Strand,
mit leichtem Druck kreisende Bewegungen mit den Handflächen ausführen
wo man sie später schlafend fand.
Hände 1 x fest auf den Rücken drücken

Die Sonne scheint ihnen ganz warm
die Hände 2 x mit gespreizten Fingern fest auf den Rücken drücken
auf Füße ... Beine ... Rücken ... Arm.
über die angesagten Körperteile mit leichtem Druck streichen

Da wachen die Piraten auf,
beginnen den Piratenlauf.
mit Zeige- und Mittelfinger im Wechsel über den Rücken laufen
Wer ist zuerst beim gold'nen Schatz?
Sofort beginnt die wilde Hatz.

Sie graben aus 'ne große Kist'.
Ob wirklich Gold darinnen ist?
Fäuste im Wechsel fest auf den Rücken drücken und dabei drehen
Neugierig sehen sie hinein
und rufen alle ganz laut: ‚Nein!'

Die Schatzkist' ist mit Steinen voll,
mit dem Zeigefinger Steine malen
das finden alle gar nicht toll!

Wütend knall'n sie die Kiste zu,
beide Handflächen gleichzeitig auf den Rücken klatschen
nun hat die Hetzjagd endlich Ruh!
mehrere Male mit der flachen Hand vom Nacken zum Po hin und her streichen
Bald muss ein neues Schiff schon her.
Nun fahren sie erneut auf's Meer ..."
mit den Fingerspitzen Wellen malen

Das Leben auf der Sommerwiese

Eine große bunte Sommerwiese zu betrachten, ist faszinierend! Sie leuchtet in bunten Farben und bietet vielen Tieren und Pflanzen Lebensraum. Diese Rückenmassage regt zur Bestimmung von taktilen Reizen an.

Alter: ab 4 Jahren
Material: 1 breiter Pinsel pro Paar; evtl. CD-Spieler, CD mit Entspannungsmusik oder Vogelgezwitscher; evtl. Entspannungsmatten und kleine Kissen für den Kopf
Vorbereitung: s. S. 22 ff.

Die Kinder tragen ein T-Shirt mit kurzen oder keinen Ärmeln oder nur ein Unterhemd, damit sie die „Pinselberührungen" angemessen wahrnehmen können.
Die Kinder setzen sich paarweise voreinander. Das hintere Kind führt die angesagten Aktionen mit einem Pinsel auf dem Körper des vorderen Kindes aus.

Die Spielleitung stimmt die Gruppe mit folgenden oder ähnlichen Worten in die Massage ein:

„Wart ihr schon einmal auf einer bunten Sommerwiese? Kommt mit und sucht euch einen Platz auf der Wiese aus, der weich und bequem ist. Schließt die Augen und genießt die warmen Sonnenstrahlen. Der Sommerwind weht mit leichter Brise über euch hinweg.
mit dem Pinsel über Hände, Arme und Gesicht streichen

Überall um euch herum wachsen bunte Wiesenblumen.
Ihr könnt kleine weiße Gänseblümchen, blaue Glockenblumen, gelbe Butterblumen und weißes Wiesenschaumkraut sehen.
an verschiedenen Stellen den Pinsel langsam auf der Stelle drehen

Auf einmal kommt ein Schmetterling angeflogen, ein gelber Zitronenfalter.
den Pinsel an verschiedenen Stellen hin- und herrütteln

Er fliegt von einer Blume zur anderen und setzt sich auf ihren Blüten nieder.
mit dem Pinsel an verschiedenen Stellen tupfen

Da weht plötzlich der Sommerwind über die Wiese.
Der Zitronenfalter wird von ihm weggetragen, und ihr spürt sein Streicheln auf eurer Haut.
mit dem Pinsel mit langen Strichen über die Hände, die Arme und das Gesicht streichen

Auf einmal sehen wir Bienen über die Wiese fliegen: eine – zwei – drei – vier – fünf!
fünf kurze Striche auf der Haut ausführen

Die Bienen lassen sich auf der Sommerwiese nieder, um ihren Honig aufzusaugen
den Pinsel an verschiedenen Stellen hin und her drehen

Sie fliegen zu den Gänseblümchen, zum Wiesenschaumkraut, zu den Glockenblumen und zu den gelben Butterblumen. Sie nippen mal hier und mal dort.
an verschiedenen Stellen den Pinsel langsam auf der Stelle drehen

Plötzlich kommt eine Windböe. Die Bienen lassen sich von ihr tragen und fliegen zurück zu ihrem Bienenstock, um den gesammelten Honig dorthin zu bringen.
mit dem Pinsel wieder mit langen Strichen über die Hände, die Arme und das Gesicht streichen

Langsam geht der Tag zu Ende. Die Sonne geht unter. Auch die Blüten schließen ihre Kelche und schlafen ein.
mit der flachen Hand und leichtem Druck über die Hände, Arme und Stirn streichen
Die Spielleitung lässt evtl. eine Weile zum Nachspüren leise Entspannungsmusik spielen.

Nun streckt euch, macht euch ganz lang und kommt langsam von der Sommerwiese in unseren Raum zurück. Öffnet die Augen und setzt euch langsam auf."

Anschließend tauschen die Kinder die Rollen.

Variante

Ein Kind legt sich auf eine Entspannungsmatte, das andere setzt sich daneben und führt die angesagten Aktionen mit einem Pinsel aus.

Tipp

Manche Kinder sind sehr empfindlich, wenn sie im Gesicht berührt werden. Die einzelnen Paare sollten vorher ausprobieren und absprechen, ob sie auf den Händen, Armen und im Gesicht gestreichelt werden möchten oder wo sie es nicht wollen!

Zehn kleine Krabbelkäfer

Eine Massage auf dem Unterarm

Wenn zehn kleine Krabbelkäfer gemeinsam einen Ausflug machen, haben alle viel Spaß und können zusammen einiges erleben! Das ist viel schöner, als wenn man alleine ist.

Alter: ab 3 Jahren
Material: zwei Teppichfliesen pro Paar
Vorbereitung: s. S. 22 ff.

Die Kinder setzen sich paarweise einander gegenüber und führen gegenseitig die Bewegungen auf dem Unterarm aus.

„Zehn kleine Krabbelkäfer
krabbeln auf und ab,
mit allen zehn Fingern auf dem Unterarm des Partners rauf und runter krabbeln
zehn kleine Krabbelkäfer
machen niemals schlapp.

Zehn kleine Krabbelkäfer
auf das Wasser klatschen,
mit den Fingerspitzen gleichzeitig mehrmals den Unterarm berühren
zehn kleine Krabbelkäfer
durch die Pfützen patschen.

Zehn kleine Krabbelkäfer
pieksen immerzu,
mit den Zeigefingern vorsichtig pieksen
zehn kleine Krabbelkäfer
geben keine Ruh'.

Zehn kleine Krabbelkäfer
streicheln dich ganz sacht,
mit der flachen Hand mehrmals über den Unterarm streichen
zehn kleine Krabbelkäfer
hab'n dir Glück gebracht."

Tipp

Die Massage eignet sich auch für Zuhause auf dem Sofa zu zweit.

Das kleine Fröschlein am Bach

Eine Rückenmassage

Alter: ab 3 Jahren
Material: eine Entspannungsmatte und ein kleines Kissen für den Kopf pro Paar
Vorbereitung: s. S. 22 ff.

Die Spielleitung stimmt die Kinder mit folgenden oder ähnlichen Worten in die Massage ein:

„Wer hat schon einmal Frösche am oder im Wasser beobachtet? Es ist lustig zu sehen, wie sie im Teich oder im Bach schwimmen. Aber oft ist es auch gefährlich für sie, wenn andere Tiere ihre Ruhe stören ...

Es plätschert leise still der Bach,
Wellen malen
da wird das kleine Fröschlein wach.

Es hüpft auf einen großen Stein
1 x mit beiden Händen gleichzeitig auf den Rücken klatschen
und sonnt sich dort im Sonnenschein.
mit dem Zeigefinger eine Sonne malen

Da ist der B ber angekommen
mit der Handkante schlängelnde Bewegungen über den Rücken ausführen
und gegen diesen Stein geschwommen.

Der kippt im seichten Wasser um,
1 x mit beiden Händen auf den Rücken klatschen
platsch – und das Fröschlein guckt nur dumm.

Schnell schwimmt es an des Baches Rand,
kleine Froschsprünge mit den Fingerspitzen über den Rücken ausführen
wo's seine Froschgeschwister fand.

Da quaken sie im Sonnenschein.
mit dem Zeigefinger eine Sonne malen
Wie schön ist's, nicht allein zu sein!
Quak, quak, quak ...“
kleine Froschsprünge mit den Fingerspitzen über den Rücken ausführen

Der Winter ist da

Eine Rückenmassage

Alter: ab 3 Jahren
Material: kleiner Ball oder Gymnastikball pro Paar, 1 kleines Kissen für den Kopf, 1 Entspannungsmatte
Vorbereitung: s. S. 22 ff.

Die Kinder stellen sich paarweise zusammen und holen sich eine Entspannungsmatte, einen Ball sowie evtl. ein Kuschelkissen.
Ein Kind legt sich bäuchlings auf die Matte, das andere kniet sich in der Höhe des Rückens daneben und führt die Massage nach dem Vorbild der Leitung aus.

„Sanft und leise fallen Flocken
auf die Stadt und auf den Wald,
mit den Fingerspitzen auf den Rücken tippen
weiße Flocken immer wieder,
und es ist so bitterkalt.

Bald schon ist im ganzen Lande
alles weiß mit Schnee bedeckt.
mit der flachen Hand mehrmals über den Rücken streichen
Nur die Kinder springen fröhlich,
haben einen Berg entdeckt.
mit den Fingerspitzen beider Hände wechselseitig „hüpfen"

Und sie rodeln mit den Schlitten,
runter geht's hinab ins Tal.
die flache Hand vom Nacken über den Rücken zur Hüfte rutschen lassen

Und dann wieder raufgelaufen,
mit dem Zeige- und Mittelfinger von der Hüfte zum Nacken laufen
runter noch ein letztes Mal.
wieder die flache Hand über den Rücken rutschen lassen

Danach rollen alle Kinder
Kugeln aus dem weißen Schnee,
kleinen Ball oder Gymnastikball über den Rücken hin und her rollen
immer größer werd'n die Bälle
auf der weißen Baumallee.

Und sie rollen immer weiter,
weiter mit dem Ball rollen
bis der Schneemann ist perfekt,
Steine für die Augen, Nase
hat nun einer noch entdeckt.
mit dem Zeigefinger zwei Augen und Nase malen.

Doch es dauert gar nicht lange,
scheint die Sonne auf den Schnee.
die Hand mit gespreizten Fingern und leichtem Druck 3 x auf den Rücken drücken
Langsam schmilzt der dicke Schneemann,
und was bleibt? Ein kleiner See ...
kreisende Bewegungen mit der flachen Hand über den Rücken

Auch der Schnee dort auf dem Berge –
schmilzt. Der Winter ist vorbei!
kreisende Bewegungen mit der flachen Hand über den Rücken
Im nächsten Jahr sind alle wieder
bei der Schneeballschlacht dabei."
mit den Fäusten vorsichtig auf den Rücken trommeln

Der Riese Timpetu im Zwergenhaus

⊙ 4

Eine Rückenmassage

Alter: ab 3 Jahren
Material: 1 Enspannungsmatte pro Paar, 1 kleines Kissen für den Kopf; evtl. CD-Spieler, CD „Streicheltöne – Wohlfühlmassagen"
Vorbereitung: s. S. 22 ff.

Die Kinder stellen sich paarweise zusammen und holen sich eine Entspannungs- oder Turnmatte sowie evtl. ein Kuschelkissen.
Ein Kind legt sich bäuchlings auf die Matte, das andere kniet sich in der Höhe des Rückens daneben und führt die Massage nach dem Vorbild der Leitung aus.

„Mit riesengroßen Schritten
kommt Riese Timpetu
Zeigefinger und Mittelfinger gehen in „großen Schritten" abwechselnd über den ganzen Rücken
ins kleine Zwergenhäuschen
und knallt die Türe zu. Peng!
1 x mit beiden Händen auf den Rücken klatschen

Die Zwerge laufen alle
und sind total verschreckt.
mit „kleinen Schritten" laufen Zeige- und Mittelfinger im Wechsel über den Rücken
Sie haben sich in ihrer Not
vor Timpetu versteckt.
Finger in den Achselhöhlen verstecken

Er geht mit Riesenschritten
durchs klitzekleine Haus,
wie oben laufen Zeige- und Mittelfinger wechselweise über den Rücken
da komm'n mit Trippelschritten
die Zwerge wieder raus.
dasselbe mit „kleinen Schritten"

‚Ich will euch nicht erschrecken',
sagt Riese Timpetu.
mit „großen Schritten" über den Rücken laufen
Ich möcht' bloß mit euch spielen
und lass euch dann in Ruh'."
1 x beide Hände auf den Rücken drücken und kurze Zeit ruhen lassen

Leg dich hin und schließ die Augen ...

Rückenmassagen mit unterschiedlichen Materialien

„Leg dich hin und schließ die Augen ...“ – das bedeutet sich ausruhen, sich entspannen. Wer tut das nicht gerne? Wird solch ein Ritual in den Alltag integriert, lernen auch kleine Kinder neben einem lebendigen und teilweise schon hektischen Alltag zur Ruhe zu kommen.

Massagen-Mix

Alter: ab 3 Jahren (mit Variante ab 5 Jahren)
Material: 4-Punkt-Massage-Gerät, Walnüsse, Kastanien, kleine und große Igelbälle, kleine oder große Stoffbälle, Gymnastikbälle, Steine Apfelsinen, etc., CD-Spieler, Entspannungsmusik, Entspannungsmatten, evtl. kleine Kuschelkissen; evtl. CD mit sich abwechselnden schnellen und langsamen Passagen
Vorbereitung: s. S. 22 ff.

Die Kinder stellen sich paarweise zusammen und holen sich eine Entspannungs- oder Turnmatte sowie evtl. ein Kuschelkissen.
Jedes Paar sucht sich ein o. g. Hilfsmittel aus.
Ein Kind legt sich bäuchlings auf die Matte, das andere kniet sich in der Höhe des Rückens daneben und führt die Massage nach dem Vorbild der Leitung aus.
Die Spielleitung erklärt die Massage und stellt die Entspannungsmusik an.
Das liegende Kind schließt die Augen und entspannt sich.
Das massierende Kind fährt ganz langsam in kreisenden oder ruhigen Zick-Zack-Bewegungen über den Körper des liegenden Kindes.
Es wird nicht gesprochen.
Der Zeitraum der Körpermassage richtet sich individuell nach den Bedürfnissen und dem Alter der Gruppe.

Variante für Kinder ab 5 Jahren

Ist eine CD mit langsamen oder rhythmisch schnellen, sich wiederholenden Musikteilen vorhanden, setzen sich alle Kinder mit gegrätschten Beinen hintereinander in einen großen Kreis.
Jedes Kind erhält eine Walnuss oder eine Kastanie.
Bei ruhigen Musikpassagen malt jedes Kind dem vor ihm sitzenden mit der Nuss oder der Kastanie Kreise auf den Rücken.
Bei schnellen Musikpassagen klopfen die Kinder auf die Schulterblätter, die Wirbelsäule und den Rücken.
Die Kinder achten genau auf den Wechsel der Passagen, um die entsprechenden Bewegungen auf dem Rücken auszuführen. Gleichzeitig spüren sie die Berührungen auf ihrem Rücken.
Diese „Eisenbahn-Massage“ ist für Kinder ab 5 Jahren gedacht, da die Vielfalt der Aufgaben (wie oben beschrieben) von einem jüngeren Kind nicht zu leisten ist.

Tipp

Am deutlichsten sind die Berührungen über den Rücken, die Wirbelsäule und die Schulterblätter zu spüren. Aber auch die Beine, Fußsohlen, Schultern, Arme und Hände können mit den genannten Gegenständen abgerollt und mit leichtem Druck massiert werden.

Erlebnisreicher Ausflug eines kleinen Tausendfüßlers

⊙ 3

Eine Fantasiereise mit Rückenmassage

Macht ein kleiner Tausendfüßler sich auf den Weg, die Welt alleine kennen zu lernen, kann er viel erleben. Aber auch ihm unbekannte Gefahren lauern überall …

Alter: ab 5 Jahren
Material: Entspannungsmatten, kleine Kissen für den Kopf, evtl. 4-Punkt-Massagegerät pro Paar, evtl. CD-Spieler, CD „Streicheltöne – Wohlfühlmassagen“
Vorbereitung: s. S. 22 ff.

Die Kinder bilden Paare und holen sich eine Entspannungs- oder Turnmatte, ein Kuschelkissen sowie evtl. ein 4-Punkt-Massagegerät. Ein Kind legt sich bäuchlings auf die Matte, das andere kniet sich in der Höhe des Rückens daneben und führt die Massage nach dem Vorbild der Leitung aus. Danach werden die Rollen getauscht.

„Es war einmal ein kleiner Tausendfüßler. Der wollte die Welt kennen lernen und machte sich allein auf den Weg in den Wald.
mit dem Massagegerät oder den fünf Fingern der Hand über den Rücken hin und her streichen

Er wanderte zwischen den hohen Bäumen hindurch. Die Baumkronen konnte er gar nicht sehen, weil er so winzig klein war.
mit der freien Hand Baumstämme malen, mit der anderen das Massagegerät hin und her schieben oder mit den fünf Fingern über den Rücken laufen

Selbst die Grashalme und Blumen am Wegrand waren für den Tausendfüßler riesengroß und flößten ihm Angst ein, wenn sie sich im Wind mal zur einen, mal zur anderen Seite neigten.
mit dem Zeigefinger der freien Hand Grashalme auf den Rücken malen, die andere Hand krabbelt als Tausendfüßler weiter

Er merkte bald, dass er sich verirrt hatte. Was sollte er nur tun? Er blieb stehen und blickte sich um.
die Massage unterbrechen

Dunkle Gewitterwolken zogen sich am Himmel zusammen. Und es dauerte auch gar nicht lange, da fielen schon die ersten Regentropfen.
mit zwei Fingern über den Rücken tippen

Ehe sich der Tausendfüßler nach einem Versteck umsehen konnte, wurde der Regen stärker.
mit allen Fingern auf den Rücken trommeln

Kurz darauf zuckte ein greller Blitz am Himmel.
mit einem Finger im Zick-Zack über den Rücken fahren

Ein fürchterliches Donnern folgte.
mit beiden Fäusten auf den Rücken trommeln

Unser kleiner Tausendfüßler hatte noch nie ein Gewitter erlebt und wusste vor Angst nicht, was er machen sollte. Er rannte, so schnell seine kleinen Beine ihn trugen, den schmalen Waldweg entlang.
mit dem Massagegerät oder mit den fünf Fingern über den Rücken hin und her fahren

In seiner Not achtete er nicht darauf, was auf dem Weg lag, und fiel kopfüber in eine tiefe Kuhle, die mit Wasser gefüllt war. Platsch!
mit beiden Händen gleichzeitig auf den Rücken klatschen

Nun kam er nicht mehr heraus. Der Regen hatte nachgelassen.
mit einem Finger auf den Rücken tippen

Nur noch wenige Tropfen fielen aus den dunklen Wolken und in die mit Wasser gefüllte Kuhle, in der der kleine Tausendfüßler um sein Leben schwamm. Da kam eine schwarze Drossel angehüpft und wollte etwas von dem Regenwasser aus der Kuhle trinken.
mit zwei Fingern leicht über den Rücken hüpfen

Sie sah den Tausendfüßler, der im Wasser schwimmend wild um sich schlug, schnappte mit ihrem spitzen gelben Schnabel zu, zog ihn aus dem Wasser und setzte ihn auf den Waldboden.
mit Daumen und Zeigefinger 1 x vorsichtig zwicken

Der kleine Tausendfüßler schüttelte sich wie ein nasser Hund, bedankte sich bei der Drossel und lief, so schnell ihn seine kleinen Beine trugen, davon.
die Füße des Massagegerätes abwechselnd auf dem Rücken bewegen bzw. mit allen Fingern über den Rücken laufen

Am Waldrand angekommen, wusste er wieder Bescheid. Nun musste er sich beeilen, um nach Hause zu kommen.
Tausendfüßler läuft weiter

Die Sonne schickte ihre letzten Strahlen über den Wald, bevor sie unterging.
1 x die gespreizten Hände fest auf den Rücken drücken und einige Zeit ruhen lassen

Der kleine Tausendfüßler schlief in dieser Nacht besonders fest, denn er war müde und erschöpft von seinem Ausflug. Aber eines wusste er: Er würde das nächste Mal nicht wieder alleine in den Wald gehen, sondern mit seinen Eltern und Geschwistern. Jedenfalls so lange, bis er ein großer, erwachsener Tausendfüßler geworden war.
vom Nacken bis zur Hüfte langsam mit der flachen Hand mit leichtem Druck mehrmals über den Rücken streichen

Nun lass den Tausendfüßler von seinem Ausflug träumen.
Langsam reckst und streckst du dich. Du öffnest deine Augen und setzt dich ganz langsam auf.
Jetzt macht dein Partner auch den Ausflug mit dem kleinen Tausenfüßler."

Auf der Autobahn in den Urlaub

Eine Rückenmassage

Wer schon einmal in der Urlaubszeit eine Reise unternommen hat, der weiß, wie viel Verkehr in dieser Zeit auf der Autobahn ist. Das ist zwar einerseits gefährlich, aber es ist auch interessant zu beobachten, welche Fahrzeuge mehr oder weniger schnell über die Autobahn rasen …

Alter: ab 3 Jahren (mit Variante ab 5 Jahren)
Material: Turnmatten, verschiedene Bälle: Gymnastikball oder Medizinball (= LKW), Tennisball (= Bus), Igelball (= Panzer), Schaumstoffball (= PKW), große Holzkugel (= Motorrad), Luftballon (= Motorroller)
Anzahl: Kleingruppen oder paarweise
Vorbereitung: s. S. 22 ff.

Ein Kind legt sich bäuchlings auf eine Matte und ist die „Autobahn".
Bis zu vier Kinder setzen sich rechts und links daneben.
Jedes Kind sucht sich einen Ball aus, mit dem es dem Charakter des Fahrzeuges entsprechend über die „Autobahn" (den Rücken) fährt. Die übrigen Bälle werden abwechselnd bewegt.
Danach werden die Rollen getauscht, bis jedes Kind einmal die „Autobahn" gewesen ist.

Die Spielleitung beginnt so oder ähnlich mit der Geschichte:

„Es ist Urlaubszeit. Wie in jedem Jahr herrscht auf der Autobahn dichter Reiseverkehr. Alle Familien möchten an ihren Urlaubsort an das Meer, in die Berge oder an einen schönen See fahren. Viele verschiedene Fahrzeuge rollen über die Autobahn.
Jedes Kind der Kleingruppe rollt dem liegenden Kind mit „seinem Fahrzeug" über den Rücken

Die meisten Familien fahren mit ihrem PKW in den Urlaub, so auch Familie Meyer.
ein Kind nimmt den Schaumstoffball und rollt ihn hin und her

Da muss Papa Meyer einen Lastwagen überholen.
Ein anderes Kind rollt mit einem Gymnastik- oder Medizinball über den Rücken, der Schaumstoffball rollt weiter hin und her

Kurz darauf fährt er an einem großen Reisebus vorbei, in dem viele Kinder sitzen, die ihnen zuwinken und sich sicher auf ihre Ferienreise freuen.
Der Schaumstoffball wird weiter gerollt, dazu kommt ein Kind mit einem Tennisball

Auf einmal gibt es einen ohrenbetäubenden Lärm: Familie Meyer nähert sich mit ihrem PKW einer Panzerkolonne der Bundeswehr, die sich über die Autobahn dahinschiebt.
Verschiedene Igelbälle werden langsam hin und her gerollt, während der Schaumstoffball seitlich „vorbeifährt“

Papa Meyer hält an und die ganze Familie macht eine Pause auf dem Rastplatz, um sich auszuruhen.
mit dem Rollen des Schaumstoffballs aufhören und ihn zur Seite legen

Da sehen sie, wie eine Gruppe schwarzer Motorräder plötzlich pfeilschnell an ihnen vorbeirast.
die Holzkugel hin und her rollen

Kurz darauf, aber bedeutend langsamer, fährt ein roter Motorroller, auf dem ein Mann und eine Frau sitzen, am Rastplatz vorbei.
ein Luftballon wird über die „Autobahn“ gerollt

Nach einer halben Stunde Pause steigt Familie Meyer wieder in ihr Auto ein und fährt weiter.
Schaumstoffball weiterrollen

Der Verkehr wird immer stärker.
Jetzt rollen alle „Fahrzeuge“ über den Rücken. Es können auch in jeder Hand unterschiedliche Bälle sein oder diese abwechselnd benutzt werden

Motorroller, Autos, Busse, Motorräder, Panzer und Lastwagen rollen über die Autobahn ... Es ist kaum noch ein Durchkommen möglich. Plötzlich müssen alle auf ihre Bremse treten
mit allen Bällen aufhören zu rollen. Jedes Kind drückt 1 x seinen Ball kräftig auf den Rücken

Beinahe hätte es einen Unfall gegeben. Ein Motorradfahrer hatte einen Bus überholt und war ins Schleudern gekommen, so dass alle nachfolgenden Autos auf die Bremse treten mussten. Es ist noch einmal alles gut gegangen. Alle können nun weiterfahren.
mit den Bällen weiter über den Rücken rollen

Nun verlässt Familie Meyer die Autobahn.
Schaumstoffball wird weiter hin und her gerollt, während alle anderen Bälle weggenommen werden

Noch einige Kilometer auf der Bundesstraße, dann ist Familie Meyer an ihrem Ferienziel angekommen. Papa Meyer hält das Auto an ...
Schaumstoffball wegnehmen
... und alle genießen die Sonne am Meer.“
die Finger beider Hände spreizen und die Handfläche ganz langsam 3 x auf den Rücken drücken.

Variante für Kinder ab 5 Jahren

Eine Person übernimmt alleine das Fahren der „Autos“ über die „Autobahn“.
Danach Rollentausch.

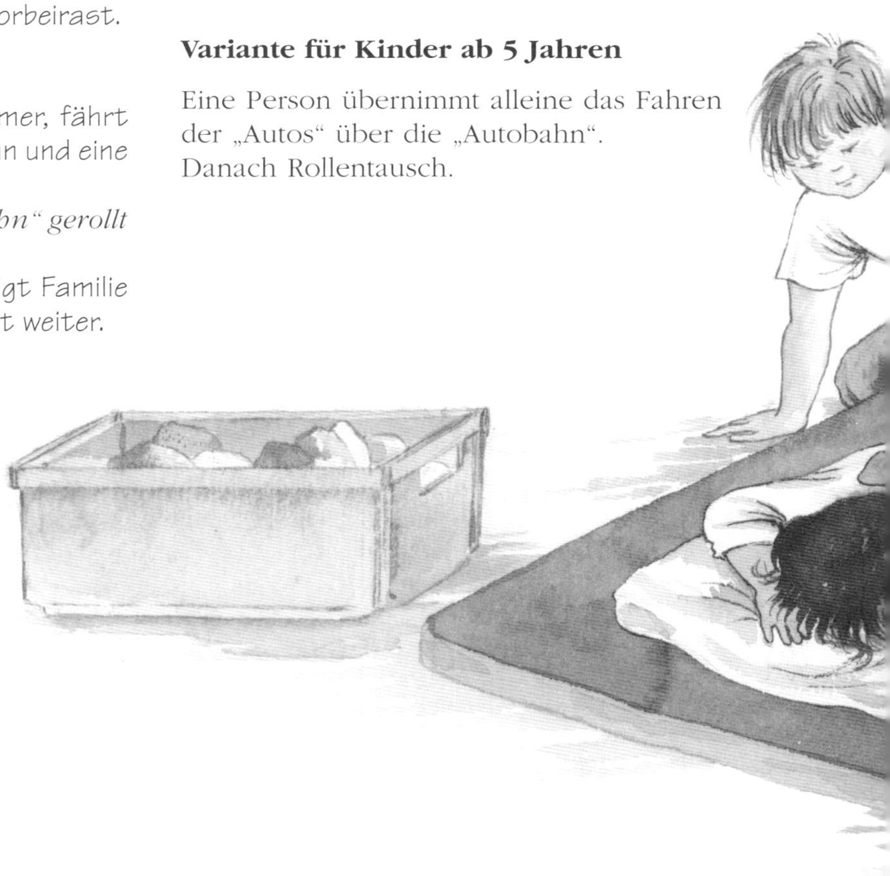

Der Igel ist ein Stacheltier

Wer möchte nicht auch einmal ein Igel sein, sich zusammenrollen und seinen „Feinden" nur noch seine Stacheln zeigen? Diese Verwandlung kann jedem Kind gelingen.

Alter: ab 4 Jahren
Material: Entspannungsmatten, evtl. kleines Kissen für den Kopf, sehr viele Wäscheklammern, CD-Spieler, CD mit Entspannungsmusik
Vorbereitung: s. S. 22 ff.

Jedes Kind erhält eine Wäscheklammer und übt damit den Pinzettengriff (Zeigefinger und Daumen drücken die Klammer zusammen). Sobald die Kinder diesen Griff sicher beherrschen, kann es losgehen.
Ein Kind legt sich bäuchlings entspannt auf die Matte, ein zweites Kind kniet daneben und klammert nun vorsichtig nach und nach Wäscheklammern als „Igelstacheln" am Pullover bzw. T-Shirt des liegenden Kindes fest, bis dieses einem Igel gleicht.
Dabei achtet es darauf, dass die Klammern wirklich nur den Pullover erfassen.
Das liegende Kind spürt nach, das aktive Kind übt sich dabei in der Geschicklichkeit und Feinmotorik mit dem „Pinzettengriff".
Anschließend werden die Klammern abgenommen und die Rollen getauscht.

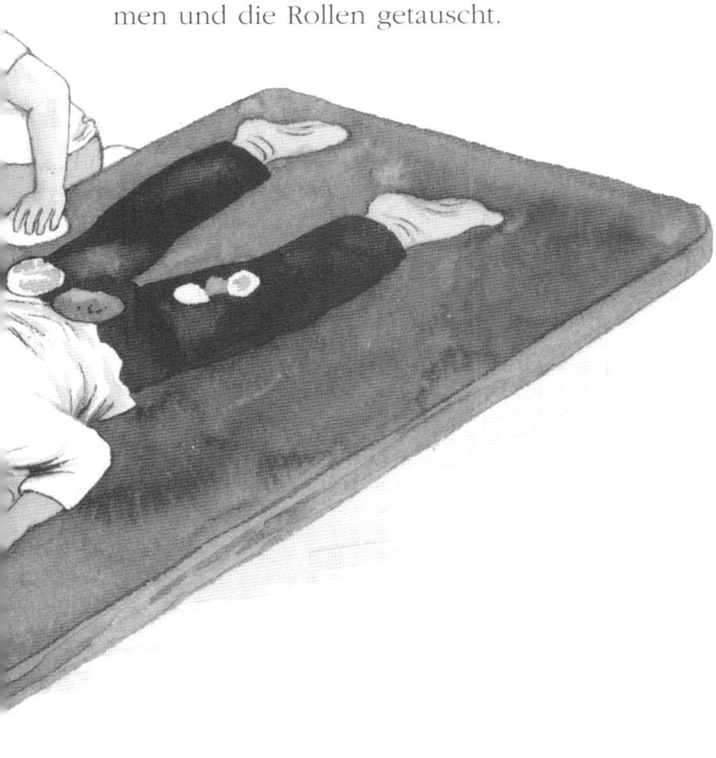

Spürst du, wie schwer sie sind?

Entspannung mit Steinen und Erbsen- bzw. Reissäckchen

Große und kleine Steine von unterschiedlichem Gewicht zu sammeln, macht den meisten Kindern Spaß. Die Steine sind aber nicht nur schön anzusehen. Bei dieser Entspannungsübung erfahren die Kinder, wie schwer sie in ihrer Hand liegen und wie ihr Gewicht auf dem Körper zu spüren ist.

Alter: ab 3 Jahren
Material: Entspannungsmatten, evtl. kleines Kissen für den Kopf, kleine und große Steine, Erbsen- oder Reissäckchen, CD-Spieler, CD mit Entspannungsmusik
Vorbereitung: s. S. 22 ff.

Die Kinder stellen sich paarweise zusammen und nehmen sich pro Paar eine Entspannungsmatte und ein Kuschelkissen, sowie Steine und Säckchen.
Die Spielleitung stellt Entspannungsmusik an.
Ein Kind legt sich auf den Bauch. Das andere Kind belegt das auf dem Bauch liegende Kind ganz langsam von den Füßen bis zu den Schultern mit den Steinen und Säckchen.
Dabei legt es die großen Steine auf breitere Flächen (z. B. den Rücken), die Säckchen z. B. auf die Arme und die Füße.
Der Stein oder das Säckchen muss beim Auflegen fest auf den Körper gedrückt werden. Das liegende Kind soll die Schwere der Steine auf den verschiedenen Körperteilen spüren, sowie die Leichtigkeit, wenn sie nacheinander wieder heruntergenommen werden.
Bei dieser Aktion wird nicht gesprochen.
Danach tauschen die PartnerInnen ihre Rollen.

Tipp

Diese Übung eignet sich gut für zappelige Kinder, die durch die Schwere der Steine ihren Körper besser spüren und lernen sich allmählich auf Entspannung einzulassen.

Bierdeckel-Decke

Eine Decke aus Bierdeckeln – gibt es die? Kinder, die sich ganz ruhig hinlegen, werden mit einer großen Menge Bierdeckel zugedeckt, bis nichts mehr von ihnen zu sehen ist.

Alter: ab 5 Jahren
Material: Entspannungsmatten, evtl. kleines Kissen für den Kopf, sehr viele Bierdeckel (für jedes Paar ein Beutel voll), CD-Spieler, CD mit Entspannungsmusik
Vorbereitung: s. S. 22 ff.

Die Kinder bilden Paare und nehmen sich pro Paar einen Beutel mit Bierdeckeln und eine Entspannungsmatte.
Die Spielleitung stellt leise Entspannungsmusik an.
Jeweils ein Kind legt sich bequem auf den Bauch oder den Rücken und schließt die Augen. Das andere Kind belegt nun den Körper des liegenden Kindes ganz langsam mit den Bierdeckeln bis möglichst nichts mehr von ihm zu sehen ist.
Sind alle Bierdeckel verbraucht, werden sie genauso langsam wieder vom Körper des liegenden Kindes genommen und an die Seite getan.
Danach tauschen die Kinder ihre Aufgaben.

Tipp

Für unruhige Kinder ist es anfangs nicht entspannend, ganz ruhig auf der Matte liegen zu bleiben und sich mit den Bierdeckeln belegen zu lassen. Aber diese spielerische Variante verhilft ihnen zu mehr Ausdauer und Konzentration, bis es nach mehreren Anläufen auch für sie eine echte Entspannung wird.

Luftballon-Massage

Mit Luftballons kann man spielen, man kann sie fliegen oder auch mit einem Knall zerplatzen lassen. Alle Kinder lieben Luftballons. Aber wer hat schon einmal gespürt, wenn ein Luftballon über den Körper gerollt wird?

Alter: ab 3 Jahren
Material: Entspannungsmatten, evtl. kleines Kissen für den Kopf, aufgeblasene Luftballons, CD-Spieler, CD mit Entspannungsmusik, aufgeblasene Luftballons mit Erbsen, Reis oder einem Glöckchen
Vorbereitung: s. S. 22 ff.

Die Kinder stellen sich paarweise zusammen und nehmen sich eine Gymnastikmatte, einen aufgeblasenen Luftballon und eventuell ein kleines Kuschelkissen.
Die Spielleitung stellt leise Entspannungsmusik an.
Ein Kind legt sich in entspannter Haltung auf den Rücken oder auf den Bauch auf die Matte. Das andere Kind nimmt den Luftballon und rollt ihn langsam über den Körper des Partners.

Variante 1

Das liegende Kind benennt die Körperteile, die vom Partner abgerollt werden (Körperbegriff).

Variante 2

Das Abrollen des Körpers erfolgt mit einem aufgeblasenen Luftballon, in dessen Inneren sich eine Klingel, ein Glöckchen oder auch Reis bzw. Erbsen befinden. Bei dieser Luftballonmassage wird auch die akustische Wahrnehmung stimuliert. Auf die Hintergrundmusik wird hierbei verzichtet.

Entspannungsbetten

Abends gehen Kinder häufig nicht gerne ins Bett und versuchen mit vielen Ideen, diesen Vorgang hinauszuzögern. Auf unseren Entspannungsbetten zu liegen macht allerdings jedem Kind Spaß. Niemand braucht dazu überredet zu werden.

Alter: ab 3 Jahren
Material: Entspannungsmatten, mehrere kleine Kopfkissen, Seile, Gymnastikreifen, Gymnastikstäbe, weiche Decke, Turnmatte, Bettbezug mit aufgeblasenen Luftballons gefüllt, Fahrradschläuche, Schaumstoffblöcke, halb aufgeblasene Luftmatratze, andere geeignete Dinge aus Turnhalle oder Bewegungsraum, CD-Spieler, CD mit Entspannungsmusik
Vorbereitung: s. S. 22 ff.

Aus den o. g. Materialien „Entspannungsbetten" für jedes Kind – wenn möglich im Kreis – aufbauen.

Jedes Kind entscheidet sich für ein „Bett“ und streckt sich darauf aus.
Die Leitung stellt Entspannungsmusik an und fordert die Kinder auf, ihre Augen zu schließen, wenn sie wollen.
Jedes Kind erspürt mit allen Körperteilen seine Unterlage und entspannt sich.
Die Gruppenleitung begleitet die Entspannungsübung mit kurzen Fragen wie: „Spürt einmal, wie sich euer ‚Bett‘ anfühlt. Ist es hart oder weich? Ist es rau oder glatt? Fühlt es sich warm oder kalt an?“
Nach einiger Zeit wird die Musik leiser gedreht. Die Kinder wechseln nun im Uhrzeigersinn nacheinander die Betten, bis jedes Kind einmal auf jedem Bett gelegen hat.
Auch dabei sollte nicht gesprochen werden!
War jedes Kind einmal auf jedem „Entspannungsbett“, die Musik ausschalten.
Jedes Kind bleibt auf seinem „Bett“ sitzen. So kann es sich auch optisch orientieren, auf welchen „Betten“ es gelegen hat.
Die Kinder erzählen nacheinander, welches Bett ihnen am besten gefallen hat und warum, und welches ihnen unangenehm war und warum.
Dabei lernen die Kinder, sich bewusst an ihre Empfindungen zu erinnern und diese in Sprache umzusetzen.

Tipp

Die harten Unterlagen empfinden die meisten Kinder als sehr unbequem, bei den weichen können sie sich besser „fallen lassen“. Die Länge der Musik sollte individuell auf die Gruppe abgestimmt und nach dem Alter der Kinder ausgerichtet sein. Drei- bis Vierjährige bleiben höchstens eine Minute auf einem Entspannungsbett liegen. Älteren Kindern, vor allem wenn sie mit dieser Art Entspannung vertraut sind, kann mehr Zeit gegeben werden. Dabei immer die Kinder bei der Entspannung beobachten und als Spielleitung entsprechend reagieren.
Diese Entspannung eignet sich besonders gut für das Ende einer lebhaften Turnstunde.

Eine Reise über den Körper

Körperwahrnehmungsspiele mit unterschiedlichen Materialien

Wo habe ich dich berührt?

Lokalisation von Berührungsreizen

Ab etwa 2 1/2 Jahren können Kinder genauer „lokalisieren“ (örtlich bestimmen und benennen), wo sie Schmerzen haben. Es gibt aber durchaus Kinder, die älter sind und denen dies trotzdem noch immer nicht gelingt. In Spielen kann diese Fähigkeit gefördert werden.

Alter: ab 5 Jahren (mit Variante für ältere Kinder)
Material: je 1 Rundholz, 1 Bauklotz oder 1 Bleistift pro Paar

Jeweils zwei Kinder setzen sich einander gegenüber.
Ein Kind hat eines der o. g. Hilfsmittel (beim Bleistift die stumpfe Seite benutzen) in seiner Hand.
Es drückt nun seinem Gegenüber die Spitze des Rundholzes, Bauklotzes oder das Ende des Bleistiftes auf eine Stelle des rechten oder linken Unterarmes zwischen Ellenbogenbeuge und Hand.
Dieses Kind zeigt mit dem Zeigefinger des nicht berührten Armes, wo es berührt wurde.

Variante

Das passive Kind schließt die Augen.
Es soll mit geschlossenen Augen erspüren, wo es berührt wurde, und zeigt mit dem Zeigefinger der anderen Hand auf diese Stelle. Auch dabei bleiben die Augen geschlossen.
Danach führen die Kinder dasselbe mit dem anderen Arm durch.
Anschließend tauschen die PartnerInnen ihre Aufgaben.

Variante für ältere Kinder

Das eine Kind setzt zwei Reize nacheinander, die vom anderen Kind ohne visuelle Kontrolle durch Zeigen mit dem Zeigefinger der anderen Hand lokalisiert werden. Die Kinder sollten ca. 6–7 Jahre alt sein, wenn sie diese Übung selbstständig durchführen wollen. Es werden oftmals große Differenzen zwischen dem Berührten und vom Kind Lokalisierten deutlich!

Tipp

Setzt ein Erwachsener diese Reize bei einem Kind, kann für ihn dieses Spiel Aufschluss über die Wahrnehmung beider Körperseiten des Kindes geben. Es ist recht häufig, dass die rechte oder die linke Körperseite deutlicher oder auch gar nicht vom Kind wahrgenommen wird. Bei geringer Differenz kann entsprechend gefördert werden. Bei großer Differenz sollte möglichst an die Eltern eine Empfehlung zur Weiterleitung an den Fachmann (z. B. Ergotherapeut bzw. Motopäde) gegeben werden.

Wer kann mit dem Rücken „lesen"?

Auch Vorschulkinder möchten oft schon lesen können. Auf dem Rücken lesen ist besonders interessant. Spürst du die Faust, den Finger oder die Hand?

Alter: ab 3 Jahren (mit Variante ab 5 Jahren)
Material: 1 Satz Finger-, Faust-, Hand-Symbole auf Karten pro Paar; evtl. 1 Satz verschiedener Formen oder Zeichen aus Karten (für Schulkinder evtl. Zahlen oder Buchstaben) pro Paar

Die Kinder setzen sich paarweise hintereinander auf den Fußboden.
Das vordere Kind, das die Berührungen erspüren soll, legt die Symbolkarten vor sich hin.
Zum Kennenlernen drückt das hintere Kind den Finger, die Faust und die flache Hand mit leichtem Druck auf den Rücken des Partners und benennt die entsprechende Zuordnung.
Anschließend zeigt das davor sitzende Kind auf die entsprechende Symbolkarte bzw. sagt, was es gerade auf seinem Rücken gespürt hat.
Das wird mehrere Male in unterschiedlicher Reihenfolge wiederholt.
Danach tauschen die PartnerInnen ihre Aufgaben.

Variante für Kinder ab 5 Jahren

Die Kinder setzen sich paarweise hintereinander auf den Fußboden.
Das Kind, das die Berührungen erspüren soll, legt die Symbolkarten mit den Zeichen, Zahlen bzw. Buchstaben vor oder neben sich hin.
Zum Kennenlernen werden nun die Zeichen (oder Zahlen und Buchstaben) mit leichtem Druck des Zeigefingers auf dem Rücken des Partners gemalt und dabei die entsprechende Zuordnung benannt.
Danach wird die Aktion wiederholt, aber das davor sitzende Kind sagt, was es gerade auf dem Rücken gespürt hat, oder zeigt auf die entsprechende Symbolkarte.
Das wird mehrere Male in unterschiedlicher Reihenfolge wiederholt.
Dann tauschen die PartnerInnen ihre Aufgaben.

Ein Lastwagen auf der Landstraße

Körperwahrnehmung mit dem Medizinball

Wenn ein schwerer Lastwagen die Landstraße entlangfährt, muss der Asphalt einiges aushalten.

Alter: ab 3 Jahren
Material: Matten, ein schwerer Medizinball

Alle Kinder legen sich bäuchlings nebeneinander auf die Matten. Sie sind die „Straße", über die die Spielleitung mit einem „Lastwagen" (dem Medizinball) „fährt".
Der Laster fährt nacheinander über die Schultern aller Kinder, dann über den Rücken, den Po, die Oberschenkel, die Kniekehlen, die Waden, die Fußsohlen und vielleicht auch über die ausgestreckten Hände.
Die Spielleitung benennt währenddessen die einzelnen Körperteile.
Das kann einige Male wiederholt werden.
Durch das Gewicht des Medizinballs spüren die Kinder bewusst die angesagten Körperteile und lernen sie richtig zu benennen.

Variante 1

Wenn die Kinder sich auf den Rücken legen, fährt der Lastwagen auf seiner Straße über die Brust, den Bauch, die Oberschenkel, die Knie, das Schienbein und über die Füße, die jeweils von der Spielleitung benannt werden.

Variante 2

Die Kinder benennen selbst die entsprechenden Körperteile, über die der „Lastwagen" rollt („Körperbegriff").

Vogelscheuche

Eine Vogelscheuche im Garten oder auf einem Feld hat manches Kind schon gesehen. Sie steht dort fest im Boden und lässt sich von niemandem vertreiben, denn sie soll die Vögel verjagen, die die frisch eingesäten Samen fressen wollen.

Alter: ab 4 Jahren
Material: 1 Teppichfliese, kleine, weiche Bälle oder Schaumstoffbälle, Korb oder Wanne, Seil oder kleiner Kasten

Die Teppichfliese auf den Boden legen und eine Begrenzung (Seil, kleiner Kasten) mit etwas Abstand dahinter legen oder stellen. Die Entfernung bis zur Vogelscheuche richtet sich individuell nach Alter und Wurfkraft der Kinder.
Ein Kind meldet sich freiwillig als „Vogelscheuche". Es stellt sich mit dem Rücken zu den anderen Kindern auf die Fliese.
Die restlichen Kinder stellen sich hintereinander in einer Schlange hinter der aufgestellten Begrenzung auf.
Mit kleinen, weichen Bällen wird die Vogelscheuche an den Armen, Beinen oder am Körper abgeworfen. Dazu müssen die Kinder nicht nur mit Kraft, sondern auch zielgerichtet werfen. Die Regel gilt, dass nicht an den Kopf geworfen werden darf!
Haben die Kinder einen entsprechenden Körperteil der „Vogelscheuche" getroffen, benennen sie ihn (Arm, Bein, Bauch, Brust usw.) oder die „Vogelscheuche" sagt, an welchem Körperteil sie getroffen wurde.

Variante

Die „Vogelscheuche" entscheidet selbst, ob sie sich mit dem Gesicht oder mit dem Rücken den Kindern zuwendet. Wendet sie sich mit dem Gesicht zu, besteht das Risiko, dass sie auch dort getroffen wird.

Roboter

Mit einem Roboter im Spielzeugladen zu spielen, macht viel Freude. Aber mal selbst ein Roboter zu sein, ist eine ganz besondere Erfahrung!

Alter: ab 5 Jahren
Material: 1 Tuch zum Verbinden der Augen pro Paar

Die Kinder stellen sich paarweise zusammen. Ein Kind ist der „Roboter", das andere der „Motor".
Dem „Roboter" werden die Augen mit einem Tuch zugebunden, wenn er das möchte. Ansonsten schließt er die Augen fest zu und vertraut ganz und gar auf seinen „Motor".

- Der „Roboter" wird vom „Motor" an den Schultern von hinten angefasst und mit leichtem Druck kreuz und quer durch den Raum geführt.
- Der „Motor" fasst den „Roboter" an den Schultern und gibt ihm durch Zurufe (rechts, links, vorwärts, rückwärts, seitlich) Anweisungen, wohin er sich bewegen soll. Der „Motor" passt dabei auf, dass der „Roboter" mit keinem anderen Kind zusammenstößt.
- Der „Motor" berührt den „Roboter" auf dem Rücken, auf dem Bauch oder rechts oder links an der Schulter. Der „Roboter" muss sich in die entsprechende Richtung bewegen (Bauch = rückwärts, Rücken = vorwärts, linke Schulter = nach links seitlich gehen, rechte Schulter = nach rechts seitlich gehen)

Tipp

Da manche Kinder nicht über einen längeren Zeitraum die Augen geschlossen halten oder sich nicht so lange konzentrieren können, ist es ratsam, ab und zu eine kleine Pause (je nach Bedarf) einzulegen oder öfter einmal die Rollen zu tauschen.

Vom Zauber erlösen

Bei diesem Spiel sind alle Kinder Steine und können sich nicht mehr bewegen. Erst ein Zauberer oder eine Hexe kann mit dem Zauberstab alle nach und nach von diesem Zauber befreien.

Alter: ab 5 Jahren
Material: 1 Zauberhut, 1 Zauberstab, CD-Spieler, Musik-CD (z. B. mit Kinderliedern oder -tänzen)

Die Kinder verteilen sich im Raum und stellen sich wie versteinert hin. Sie dürfen sich nicht bewegen.
Die Spielleitung setzt den Zauberhut auf, nimmt den Zauberstab und stellt die Musik an.
Der Zauberer geht um die versteinerten Kinder herum und berührt nach und nach einzelne Körperteile, die dann aus ihrer Versteinerung erlöst, vom Zauber befreit werden und sich nach der Musik einzeln bewegen dürfen, z. B.:

- der Zeigefinger wird mit dem Zauberstab berührt und darf sich drehen
- der Kopf wird berührt und beginnt zu nicken
- der eine Fuß wird berührt und beginnt auf und ab zu wippen
- der Bauch wird nach der Berührung mit dem Zauberstab nach vorne und nach hinten bewegt
- ein Arm beginnt zu kreisen

Variante

Ein Kind übernimmt die Rolle des Zauberers bzw. der Hexe.

Tipp

Je mehr Körperteile vom Zauberer mit dem Zauberstab berührt werden, desto schwieriger ist es für die Kinder, die entsprechenden Bewegungen adäquat umzusetzen. Achten Sie auf Alter und Koordinationsfähigkeiten der einzelnen Kinder, sonst verlieren die Kinder den Spaß, fangen an zu toben oder hampeln herum.

Waschspiel

Unterscheidung von Berührungsreizen

Kinder sehen häufig die Notwendigkeit des Waschens nicht ein und stören sich nicht an schmutzigen Händen. Bei unserem „Waschspiel“ werden sie allerdings nicht versuchen wegzulaufen, sondern mit Begeisterung dabei sein!

Alter: ab 4 Jahren (mit Variante für jüngere Kinder)
Material: Turnmatten, Schwämme, Waschlappen, Handbürsten, Federn, Watte etc.; evtl. Tücher zum Augenverbinden

Die Kinder bilden Paare, holen sich o. g. Waschutensilien und setzen sich zusammen auf eine Turnmatte.
Nacheinander streicheln sie ihrem Partner mit den o. g. Hilfsmitteln langsam über den Unterarm und den Handrücken.
Dabei sprechen sie über die Unterschiede, die sie spüren.

Variante

Einem Kind werden die Augen verbunden (wer das nicht möchte, kann sie auch fest schließen).

Variante für jüngere Kinder

Die Anzahl der Hilfsmittel zunächst gering halten. Nach einer Differenzierung von zwei Teilen den Schwierigkeitsgrad langsam steigern.

Bratwurst grillen

Das Bratwurst-Grillen in der warmen Jahreszeit findet bei Jung und Alt stets großen Anklang. Die Bratwürste, die in unserer Turnstunde gegrillt werden, werden auch im Winter braun und knackig.

Alter: ab 3 Jahren
Material: 6–12 Turnmatten (je nach Größe der Gruppe)

Die Turnmatten nebeneinander legen, die eine Hälfte als „Bratwurstrost", die andere als „Grillteller".
Die Kinder teilen sich in zwei Gruppen, die „Bratwürste" und das „Grillpersonal".
Die „Bratwürste" legen sich bäuchlings nebeneinander auf den „Bratwurstrost". Sie werden nun gefragt, ob sie „platzen" wollen oder nicht. Die Kinder, die nicht „platzen" wollen, werden mit der „Gabel" (= Zeige- und Mittelfinger) vom „Grillpersonal" eingestochen (= vorsichtiges Pieksen mit zwei Fingern über den ganzen Körper von den Schultern bis zu den Füßen).
Nun werden die Bratwürste „gegrillt".
„Das Grillpersonal" fasst die „Bratwürste" mehrmals an Füßen und Händen gleichzeitig an, um sie umzudrehen, damit sie nicht schwarz werden. Beim Umdrehen sollten Erwachsene oder größere Kinder mit zufassen, da die jungen Kinder das noch nicht alleine schaffen.
Die Spielleitung begleitet diese Aktion durch eine kleine Geschichte vom Grillen.
Sind die „Bratwürste" schön „braun", werden sie zu zweit an den Füßen und Händen angefasst und zum „Grillteller" gebracht. Dort werden sie gefragt, ob sie mit Ketchup oder mit Senf bestrichen werden wollen.
Die „Bratwurst", die mit „Ketchup" bestrichen werden möchte, bekommt über den ganzen Körper „Tupfer mit Ketchup", indem die Fäuste über den ganzen Körper fest aufgedrückt werden.
Wer mit „Senf" angestrichen werden will, dem wird mit der Handfläche über den ganzen Körper gestrichen.
Zum Schluss wird die ganze „Bratwurst" verspeist (= mit beiden Händen Schulter, Rücken, Beine kräftig kneten).
Danach findet ein Rollentausch statt.

Tipp

Bei diesem Spiel unbedingt auf die Reaktionen der Kinder achten! Sind die ausgeführten Berührungsreize für das Kind unangenehm, mit der Übung aufgehören. Manche Kinder brauchen feste Reize, andere können nur vorsichtig gesetzte Reize verarbeiten.

Kleiner Bär, wie lange schläfst du noch?

Alter: ab 3 Jahren
Material: Entspannungsmatte, Kuschelkissen

Die Kinder bilden kleine Gruppen, ein Kind ist jeweils der „kleine Bär".
Der „kleine Bär" legt sich auf die Matte mit dem Kopf auf dem Kuschelkissen und „schläft".
Die restlichen Kinder sitzen um den „kleinen Bären" herum.
Sie fragen ihn: „Kleiner Bär, wie lange schläfst du noch?"
Darauf antwortet dieser z. B.: „Bis fünf Uhr!"
Die Kinder streicheln dem „kleinen Bären" über Rücken, Arme, Beine und Kopf fünf Mal und zählen dabei laut: „Eins, zwei, drei, vier, fünf! Aufstehen, kleiner Bär!"
Das nächste Kind kommt an die Reihe, bis alle einmal dran waren.

Tipp

Auch hier muss die Gruppe akzeptieren, wenn ein Kind die Berührung ablehnt und das Spiel nicht mitmacht. Die Erfahrung hat gezeigt, dass durch häufige Wiederholungen und durch Beobachten auch die zurückhaltenden Kinder sich irgendwann auf das Spiel einlassen und ihren Spaß dabei haben.

Grenzen des eigenen Körpers erfahren

Eine Reise auf unserer Landkarte

Wenn wir mit dem Auto in ein fremdes Land fahren, nehmen wir uns eine Landkarte mit, um den Weg zu unserem Ziel zu finden. Auch unser Körper ist wie eine Landkarte. Wenn wir uns gut kennen, dann können wir mit unserer „Landkarte" alles Mögliche machen und uns gut im Leben zurechtfinden.

Alter: ab 3 Jahren
Material: Entspannungsmatte, langer Bauklotz, Igelball oder fester Ball, CD-Spieler, CD mit Entspannungsmusik; evtl. Bleischnüre oder Seile

Die Kinder stellen sich paarweise zusammen und nehmen sich pro Paar eine Entspannungsmatte und eines der o. g. Materialien.
Im Hintergrund wird leise Entspannungsmusik gespielt.
Ab jetzt nicht mehr sprechen.
Das eine Kind legt sich auf die Entspannungsmatte.
Das andere umfährt den Körper des liegenden Kindes mit einem Bauklotz, einem Igelball oder einem festen Ball und achtet darauf, dass es beim Umfahren fest an die Körperseiten drückt, damit das liegende Kind die „Grenzen seines Körpers" spürt.
Anschließend tauschen die PartnerInnen ihre Rollen.

Variante

Ein Kind legt sich auf die Matte, das andere umlegt den Körperumriss des liegenden Kindes mit Bleischnüren (eignen sich am besten) oder Seilen.
Danach steht das liegende Kind langsam auf (das andere hilft ihm dabei mit der Hand hoch).
Nacheinander werden nun die mit den Bleischnüren oder Seilen gelegten Körperumrisse – auch der anderen Paare – angesehen.
Wer möchte, kann sich in die anderen „Körper" auf die Erde legen und vergleichen: Bin ich größer, kleiner oder gleich groß?
Anschließend tauschen die PartnerInnen ihre Aufgaben.

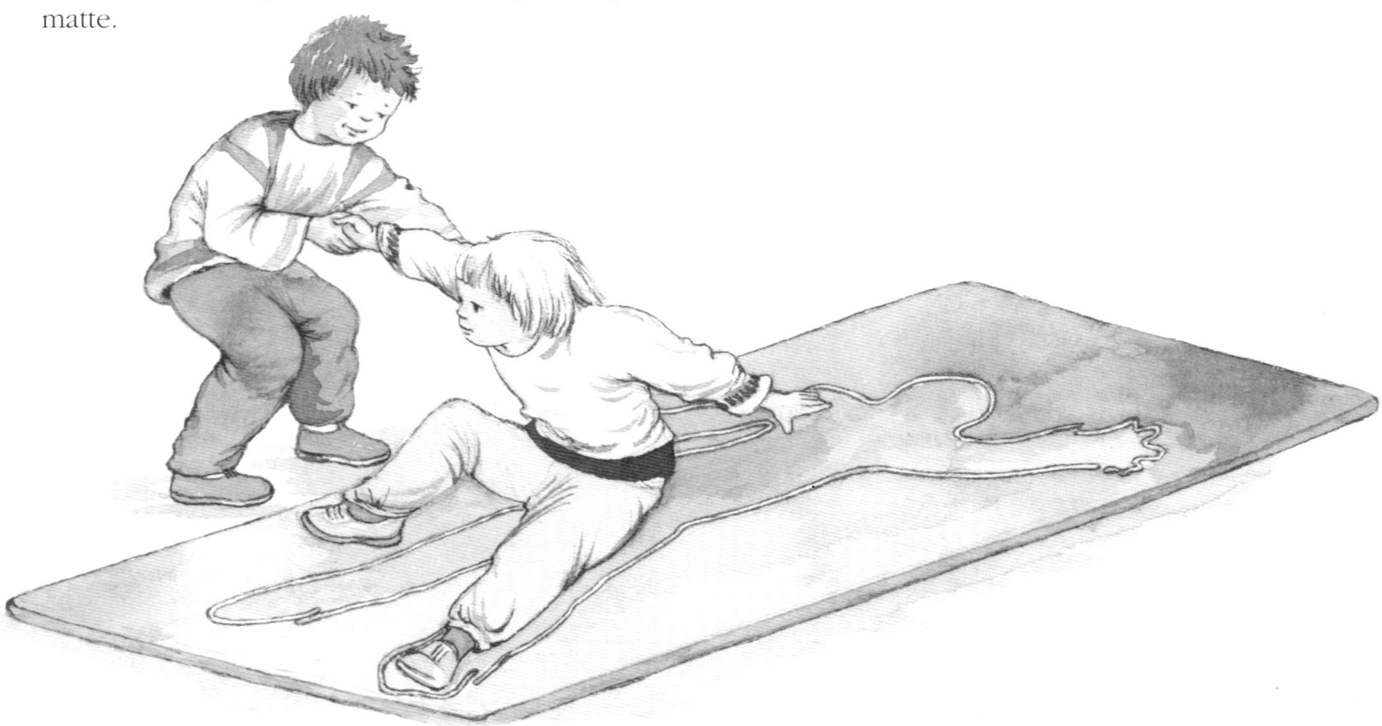

Ein Igel auf Apfelsuche ⊙ 7

Eine Rückenmassage

Was schleckt ein Igel am liebsten? Milch. Und was frisst er am liebsten? Äpfel. Wir haben ihn auf seiner Wanderung durch einen Garten begleitet.

Alter: ab 3 Jahren (passiv), ab 4 Jahren (aktiv)
Material:1 Igelball pro Paar, Turnmatten; evtl. CD-Spieler, CD „Streicheltöne – Wohlfühlmassagen"

Die Kinder gehen paarweise zusammen. Ein Kind legt sich bäuchlings auf eine Matte. Die Spielleitung trägt das Gedicht langsam vor und führt an einem gut sichtbaren Platz die dazugehörigen Bewegungen exemplarisch aus.

„Ein Igel stieg durchs hohe Gras
und wollte Äpfel suchen.
Igelball auf dem Rücken rauf und runter rollen
Er lief mal hier, mal dort auch hin
und suchte an den Buchen.
Igelball im Zickzack über den Rücken rollen

Da fiel er einen Berg hinab,
rollt runter wie ein Stein.
Igelball vom Rücken auf die Erde heruntergleiten lassen
Nun schleicht er um den Berg herum
und irrt dort ganz allein.
damit beginnen, den Körperumriss mit dem Igelball ganz zu umfahren

Er stapft durch Blätter, schnuppert hier
und schnüffelt auch mal dort.
weiter den Körperumriss mit dem Igelball umfahren
Doch Äpfel sieht er keine mehr,
rennt immer weiter fort.

Auf einmal denkt der Igel: ‚Stopp,
hier war ich doch schon mal,
wenn der Körperumriss einmal umfahren ist, Igelball stoppen
denn ich erkenne ganz genau,
den dicken Gartenpfahl!'

Er läuft den Berg ganz schnell hinauf, –
erkennt nun auch den Zaun,
an der Seite des Körpers den Igelball wieder auf den Rücken rollen
schlüpft unter ihm ganz fix hindurch
und sieht den Apfelbaum.

Jetzt läuft er wieder hin und her
im Garten durch das Gras,
Igelball über den ganzen Rücken hin und her rollen
frisst Äpfel, bis er dick und rund
ist wie ein großes Fass."
1 x beide Hände auf den Rücken drücken und kurze Zeit ruhen lassen

Mausefalle

Bei dieser Übung werden sich die Kinder ihrer Körpergrenzen bewusst.

Alter: ab 3 Jahren
Material: 1 dünne, feste Turnmatte oder 4 Teppichfliesen/-reste, 6 gleich große Gymnastikreifen; evtl. Katzenohren (s. S. 10)

Anleitung zum Aufbau

Eine dünne, feste Turnmatte oder Teppichfliesen auf den Boden legen, damit die „Mausefalle“ nicht wegrutscht.
Auf den Boden einen Reifen legen.
Zwei weitere Reifen werden so gegeneinander gestellt, dass sie im Innenrand an den liegenden Reifen anstoßen. Die gegenüber liegenden Seiten berühren sich und werden dort zunächst festgehalten.
Zwei weitere Reifen gegengleich aufstellen.
Zum besseren Halt den sechsten Reifen oben auflegen.

Tipp

Wird die „Mausefalle“ häufiger aufgebaut, schaffen das die größeren Kinder nach einiger Zeit alleine.

Spielverlauf

Alle Kinder sind Mäuse.
Jede „Maus“ krabbelt durch die „Mausefalle“ und passt dabei auf, dass sie nicht einstürzt.

Variante

Neben der „Mausefalle“ sitzt die „Katze“ (die Spielleitung oder ein Kind mit Katzenohren) und wartet darauf, dass die „Maus“ die „Mausefalle“ ungeschickt berührt und somit zum Einsturz bringt. Dann läuft sie hinter der Maus her und versucht sie zu fangen.

Vorsicht

Kinder mit einem schwachen Körperschema können sich selbst oftmals mit ihrem Körper nicht angemessen wahrnehmen. Sie haben bei diesem Spiel anfangs häufig Schwierigkeiten.

Wie groß ist das Mauseloch?

Bei diesem Spiel erfahren die Kinder unbewusst ihre Körpergrenzen. Das kann in der Turnhalle genauso geschehen wie in der Wohnung oder in der freien Natur.

Alter: ab 3 Jahren
Material: Kriechröhre, Stofftunnel oder Tunnel aus aufgestellten Turnmatten, Schwebebank, 6 aufgestellte Gymnastikreifen (s. „Mausefalle", S. 62), Stühle, Tische, selbst gebaute „Höhlen" mit Decken
In der Natur: Buschwerk, schmale Wanderwege bewachsen mit Gestrüpp, umgekippte Baumstämme etc.

Die o. g. Materialien werden im Raum verteilt aufgebaut.
Einige Kinder bauen mit ihrem Körper einen Tunnel, indem sie nur mit den Händen und Füßen den Boden berühren.

Die Kinder erleben nun die aufgestellten Mauselöcher, indem sie durch sie hindurchkriechen, sich hineinsetzen, indem sie versuchen nichts zu berühren bzw. nichts umzureißen.
Sie erfahren so sehr viel über ihren Körper:

- Passe ich in die Höhle hinein?
- Bin ich zu groß?
- Bin ich zu klein?
- Wie viele Personen kann meine Höhle beherbergen?
- Kann ich durch dieses Gestrüpp laufen, ohne das Geäst zu berühren?

„Raumerfahrung" kann sich so mit der „Erfahrung der eigenen Körpergrenzen" entwickeln.

Atemspiele und Atemübungen

Warum ist Atmung so wichtig?

Wir haben das taktile Wahrnehmungssystem, seine Funktionen und seine differenzierten Folgen beschrieben. Was aber hat das Atmen mit unserem Körper zu tun?
„Sich spüren“ heißt nicht nur „sich selbst und seinen Körper spüren“. Es heißt auch „seinen Atem spüren“, der in unmittelbarer Wechselwirkung mit unserem Körper steht.
Der Mensch beginnt sein eigenständiges Leben mit dem ersten Atemzug und haucht es am Lebensende mit dem letzten Atemzug wieder aus. Alles Lebendige und alle Dinge außerhalb von uns selbst verbindet der Atem mit uns. Unsere Lebensenergie drückt sich in unserer Atmung aus. Wir können vielleicht einige Tage oder Wochen ohne Nahrung auskommen, aber nur wenige Minuten ohne die lebensnotwendige Atmung.
Durch die Atmung wird unser Körper mit den nötigen Vitalstoffen versorgt. Sauerstoff ist daher für jeden Verbrennungsvorgang im menschlichen Körper von großer Wichtigkeit. Mit zu wenig Sauerstoff verbrennen wir auf „Sparflamme“, können nicht richtig „durchatmen“. Dann werden beim Ausatmen die Stoffwechselschlacken nicht mehr richtig ausgeschieden und lagern sich irgendwo im Körper ab. Krankheiten können die Folge sein, da die Gifte den Organismus permanent belasten und schädigen. Damit werden sie anfällig für Krankheiten gemacht.
Durch eine natürliche, vertiefte Atmung können wir uns von den Schlacken befreien. Kinder merken in der Praxis schnell, wie eine bewusste Atmung im direkten Zusammenhang mit dem Körper und dem eigenen Wohlbefinden steht.

Was bedeutet eine „natürliche“ Atmung?

Eine gesunde, natürliche Atmung ist zur Erhaltung aller Lebensformen wichtig. Das natürliche Atmen braucht einen freien, ungehinderten Fluss. Eine gerade und aufrechte Haltung begünstigt diesen Vorgang, ein gekrümmter Rücken und der dadurch beengte Brustraum erschwert ihn.
In der Mitte des Oberkörpers befindet sich der wichtigste Atemmuskel, der Zwerchfellmuskel. Wenn wir einatmen, zieht sich der Muskel zusammen, die Bauchdecke wölbt sich. Atmen wir aus, entspannt sich der Zwerchfellmuskel. Die Bauchdecke senkt sich. Durch Handauflegen in entspannter Rückenlage oder wie bei der Kuscheltier-Atmung beschrieben (s. S. 69) ist das deutlich sichtbar und spürbar nachzuvollziehen.

Gleichzeitig wird das Herz entsprechend aktiviert, was eine ebenso positive Wechselwirkung und Anregung für das Herz-Kreislauf-System und eine Stärkung des Nervensystems bedeutet. Zusätzlich werden die Lungen mit den nötigen Vitalstoffen versorgt. In dieser wechselseitigen Abhängigkeit wird auch ein Bewegungsanreiz für die Muskulatur gegeben.
Diese Elastizität wird ständig durch emotionale Anspannung und Stress, besonders für den anfälligen Zwerchfellmuskel, beeinflusst. Die Folgen können unterschiedliche Auswirkungen haben:

- Bei Ärger geht unser Atem schneller
- Wir spüren ein Druckgefühl in der Magengegend
- Bei Aufregung, Schreck oder Schmerz „bleibt uns die Luft weg“

Die im Volksmund bekannten Aussagen wie: „Nun atme erstmal kräftig durch", „Mir bleibt die Luft weg", oder die besondere Rolle, die die Atmung bei einer gebärenden Frau hat, machen das deutlich.
Dem Einatmen wird die besondere Rolle des Nehmens, Festhaltens beigemessen. Das Ausatmen steht im Zusammenhang von Loslassen und Geben. Zum verstärkten Einatmen neigen wir in für uns schwierigen Situationen. Wenn wir uns z. B. verteidigen müssen, uns Geltung verschaffen wollen oder uns bedroht fühlen, tritt häufig Kurzatmigkeit auf. Beim Ausatmen entspannt sich nicht nur der Zwerchfellmuskel, sondern auch die gesamte Muskulatur. Der ganze Mensch „lässt los", ist entspannt. Wer Anspannung loslassen kann, ist auch entspannt und gelöst seiner Umwelt gegenüber.
Eine Vielzahl von Erwachsenen-Kursen werden angeboten, um das zu lernen. Aber liegt es nicht nahe, diesen Dingen schon für Kinder im Vor- und Grundschulalter eine Bedeutung beizumessen und auf adäquate, spielerische Weise dieser Altersstufe bereits Entspannungsmöglichkeiten anzubieten? Nachfolgende Übungen und Spiele sollen eine Unterstützung und Begleitung für alle sein, die mit Kindern leben, arbeiten und spielen, und die nicht warten wollen, bis sich unter Umständen psychosomatische Krankheiten manifestiert haben.

Seifenberge

Ein Pustespiel zur Bewusstmachung der Atmung

Viele Menschen wandern gerne und erklettern die höchsten Berge. Unsere Berge sind aus Seifenlauge, lassen sich wegpusten und sind in bunt schillernden Farben zu bestaunen.

Alter: ab 4 Jahren
Material: Plastikschüsseln, Seifenlauge, Strohhalme; evtl. Joghurtbecher, Esslöffel, breite Pinsel
Ort: Nasszelle (Waschraum oder Badezimmer) oder im Freien auf einer Wiese

Plastikschüsseln mit Seifenlauge zur Hälfte füllen und auf eine feste Unterlage (Bank, Tisch etc.) stellen.
Jedes Kind erhält einen Strohhalm.
Je zwei Kinder stellen sich um eine Schale.
Die Kinder atmen durch ihren Strohhalm Luft ein und pusten sie in das Wasser. Dadurch entstehen in der Schale jede Menge Seifenblasen.

Tipp

Befindet sich die Gruppe im Freien, können die Seifenblasen ruhig über den Rand der Schale laufen. Ansonsten bietet es sich an, diese mit einem Löffel z. B. in leere Joghurtbecher als „Eis" einzufüllen oder aber die Seifenblasen mit einem breiten Pinsel auf dem Tisch (oder auch auf dem Körper) zu „vermalen".

Pustespiele

zur Regulierung des Luftstroms und zur bewussten Atmung

Pustespiele, bei denen auch schon kleine Kinder bewusstes Atmen lernen können, sind vielfältig und mit großer Spielfreude verbunden. Jeden Tag ein Pustespiel, und die Kinder lernen bald, ihren Atem bewusst zu lenken und ihn als „Energiequelle" zu empfinden.

Alter: ab 5 Jahren
Material: Strohhalme; evtl. Glas oder Schälchen, Wasser, Handtücher; evtl. Federn, Wattebällchen, Gymnastikreifen; evtl. 1 Blatt Papier (mind. DIN A 4, besser größer) pro Kind; evtl. aus Seidenpapier geschnittene Fische; evtl. japanische Papierbälle

Damit die Kinder lernen „richtig durchzuatmen", hier einige Beispiele zum Üben. Die Spielleitung regt die Übungen mit folgenden Worten an:

- „Zieht Luft durch einen Strohhalm ein und pustet sie wieder langsam aus."
- „Fühlt den Luftstrom beim Auspusten mit der freien Hand, indem ihr die Handfläche der anderen Hand vor das Ende des Strohhalms haltet."

Variante 1

Ein Wasserglas oder ein Schälchen halb mit Wasser füllen. Luft durch den Strohhalm hineinblasen. Die Kinder fragen: „Wie lange könnt ihr blubbern?" (Handtücher bereitlegen)

Variante 2

Eine Feder oder ein Wattebällchen in einen Gymnastikreifen geben. Fünf bis sechs Kinder legen sich bäuchlings drum herum und pusten die Feder bzw. das Wattebällchen hin und her. Dabei dürfen sie den Rand des Reifens nicht überqueren.

Jedes Kind, das nicht kräftig genug gepustet hat, scheidet aus oder gibt ein Pfand, das später wieder ausgelöst werden muss.

Varianten mit Federn

- Die Kinder legen eine Feder auf die Handfläche und pusten sie zunächst mit dem Mund, später mit Hilfe eines Strohhalms herunter.
- Die Kinder legen eine Feder auf ein Stück Papier. Jedes Kind legt sich bäuchlings davor und pustet nun vorsichtig die Feder auf dem Papier hin und her, ohne dass sie über den Rand fliegt.
- Alle legen sich bäuchlings nebeneinander an das Ende des Raumes und pusten die Feder (ohne Strohhalm) vor sich her über den Boden, indem sie sich robbenderweise vorwärts schieben.
- Die Kinder pusten aus Seidenpapier ausgeschnittene Fische über den Fußboden
- Auch Japanbälle aus Papier bieten sich für Pusteübungen an. Die Kinder pusten sie vor sich her auf dem Fußboden oder versuchen sie – auf dem Rücken liegend – über dem Gesicht durch einen kräftigen, gleichmäßigen Luftstrom in der Luft zu halten.

Tipp

Ein Japanball eignet sich auch – wie oben beschrieben -, um in einem Gymnastikreifen hin und her gepustet zu werden, während sich die Kinder um den Reifen herum gruppieren. Bei vielen Kindern mehrere Gruppen um mehrere Reifen bilden.

Traumwiese

Spiele mit Seifenblasen fördern die visuelle Wahrnehmung und die Atmung.

Alter: ab 3 Jahren (mit Variante ab 5 Jahren)
Material: 1 große oder mehrere kleine Entspannungsmatten, Hocker oder Bank, Seifenblasen, CD-Spieler, CD mit Entspannungsmusik; evtl. mehrere Hocker; evtl. mehrere Fläschchen mit Seifenblasen

Die Spielleitung leitet mit etwa folgenden Worten das Spiel ein:

„Breitet bitte die Matten nebeneinander aus und legt euch so auf eurem Rücken darauf, dass kein Kind das Nachbarkind stört. Ich lasse jetzt eine leise Entspannungsmusik im Hintergrund spielen und puste dann langsam Seifenblasen in die Richtung eurer ‚Traumwiese'. Ihr bleibt bitte ruhig liegen und verfolgt nur mit euren Augen, wo die Seifenblasen hinschweben, ohne danach zu greifen. Ich stelle mich dazu auf einen Hocker oder eine Bank."

Die Spielleitung führt die o. g. Tätigkeiten aus. Hat sie dies eine Weile gemacht, fährt sie mit den Variationen fort.

Variante1

Die Kinder berühren die heranschwebenden Seifenblasen mit den angesagten Körperteilen (Körperschema-Übung). Dabei bleiben sie auf dem Rücken liegen und achten darauf, ihre NachbarInnen nicht zu berühren oder mit den Füßen zu treten.
Ist die Gruppe größer, können auch nacheinander erst alle Jungen, dann die Mädchen diese Aktion durchführen.
Aufgabe ist es, mit nachstehenden Körperteilen die Seifenblasen zum Platzen zu bringen:

- mit den Händen
- mit einzelnen Fingern
- mit den Füßen
- mit den Knien

Variante 2

Anstelle der Gruppenleitung stellen sich ein oder mehrere Kinder auf einen Hocker oder eine Bank und pusten den liegenden Kindern die Seifenblasen zu (Atem-Übung).

Variante für Kinder ab 5 Jahren

Die Kinder stellen sich zu zweit zusammen. Jedes Paar bekommt ein Fläschchen Seifenblasen. Abwechselnd pustet jeder eine „Yoga-Blase": Je größer die Blase, desto besser. Dabei ist darauf zu achten, dass der Luftstrom ganz langsam und regelmäßig austritt. Nach mehrmaligem Üben werden die Kinder diese Technik immer besser beherrschen und ihren Atem bewusster einsetzen.

Kuscheltier-Atmung ⊙ 8

Alter: ab 4 Jahren
Material: Turn- oder Entspannungsmatte pro Kind, kleines Kuschelkissen, 1 kleiner Bär oder 1 anderes Kuscheltier von Zuhause, CD-Spieler, CD mit Entspannungsmusik oder „Streicheltöne – Wohlfühlmassagen“

Die Turn- bzw. Entspannungsmatten möglichst in Kreisform in der Turnhalle auslegen.
Die Spielleitung stimmt die Kinder mit folgenden Worten in die Übung ein:

„Willst du dein Kuscheltier einmal ‚Fahrstuhl' fahren lassen? Dann mach es dir mit ihm auf einer Matte bequem und leg es dir auf die Brust.
Alle Kinder legen sich mit dem Kopf in die Mitte auf ihre Entspannungsmatte.
Jedes Kind nimmt sein Kuscheltier, legt es sich auf die Brust und schließt die Augen.
Die Spielleitung stellt ganz leise Entspannungsmusik an und spricht leise und langsam etwa folgende Sätze:

Du liegst nun mit deinem Bären oder einem anderen Kuscheltier ganz entspannt auf deiner Matte. Dein Kopf ruht auf dem Kissen. Arme und Beine liegen locker neben deinem Körper. Nun atmest du die Luft ganz langsam durch die Nase ein und pustest sie ganz langsam durch die Nase wieder aus. Das machst du bitte einige Male. Ein – Aus – Ein – Aus.
– Pause –

Beobachte jetzt einmal, wie sich deine Brust auf und ab bewegt, wenn du ein- und dann wieder ausatmest. Zieh die Luft ganz lange durch die Nase ein und stoße sie ganz langsam wieder aus. Ein – Aus – Ein – Aus. Du kannst die Luft auch durch die Nase ein-, und hörbar durch den Mund ausatmen, wenn du möchtest. Ein und Aus. Ein und Aus. Dein Kuscheltier bewegt sich beim Atmen auf und ab, wie in einem Fahrstuhl.
– Pause –

Nun schließe bitte deine Augen und atme dabei ganz ruhig weiter. Dein Kuscheltier ruht auf deiner Brust und wird durch dein langsames Ein- und Ausatmen hin und her gewiegt. Es hat auch seine Augen zu und schläft ein. Denke daran, langsam zu atmen. Ganz langsam einatmen und ausatmen. *– Pause –*

Nun taste bitte mit geschlossenen Augen nach deinem Kuscheltier. Atme dabei ganz ruhig weiter und taste dabei nach deinem Tierkind. Fühle zuerst die Augen ...
– Pause –

... dann die kleine Nase und den Mund.
– Pause –

Fühle nun den Körper deines Kuscheltiers. Taste nach den Armen und Beinen. Jedes Tier ist anders, das eine klein mit kurzen Beinen, das andere groß mit langen Beinen. Lass dir Zeit dabei und denke daran, ganz ruhig weiter zu atmen.
– Pause –

Wenn du nun den Körper deines Kuscheltieres mit den Fingern wahrgenommen hast, leg deine Arme wieder ganz entspannt neben deinem Körper auf die Matte. Dein Tier wird sich nun noch eine Weile bei dir auf der Brust ausruhen und schlafen, während du ganz ruhig weiteratmest, ein und wieder aus, ein und wieder aus. Du kannst noch eine Weile mit deinem Kuscheltier vor dich hinträumen.
– Pause (die Musik etwas lauter stellen; ca. 1–2 Minuten bei jüngeren Kindern die Musik weiterlaufen lassen; bei älteren Kindern etwas länger. Die Musik wieder etwas leiser stellen).

Nun wirst du langsam wieder wach. Du kommst zurück auf deine Matte, streckst deine Arme nach oben aus. Mach nun deine Beine ganz lang.
– Pause –

Jetzt setz dich bitte auf und erzähl mir, wie dir das Träumen mit deinem Kuscheltier gefallen hat.“

Atemspiele zur Kräftigung der Stimme

Alter: ab 4 Jahren

Die Kinder stellen sich in einen Kreis mit dem Gesicht zur Mitte.
Die Spielleitung ahmt die Stimmen verschiedener Tiere nach und führt dabei eine für das Tier charakteristische Bewegung aus. Sie tut dies jeweils einmal, die Kinder ahmen Laut und Bewegung nach. Hauptaugenmerk liegt auf der Stimme. Die Laute können leise, auf Ansage aber auch laut und brüllend ausgeführt werden, um den Kindern die Unterschiede von „laut“ und „leise“ deutlich zu machen.

Hier einige Beispiele:

- Gorilla: u-u-u-u-u-u-u ...
- Geist: hu-uuuuuuu, hu-uuuuuuu ...
- Drache: sch-sch-sch-sch ... (Feuer spielen)
- Schlange: zsch-zsch-zsch-zsch ...
- Elefant, der Wasser auspustet: pu- u-u-u-u-u, pu- u-u-u-u-u ...
- Biene: s-s-s-s-s-s-s-s-s-s-s ... oder: sum-m-m-m-m-m, sum-m-m-m-m-m ... (dabei auf den Boden knien, gerade Haltung des Oberkörpers, damit der Brustraum frei ist)

Interaktionsspiele

Ein Interaktionsspiel – was ist das?

Bei Interaktionsspielen stehen Spiel und Spaß im Vordergrund. Weil es keinen Gewinner und keinen Verlierer gibt, sind sie gerade für jüngere Kinder, die noch nicht das Selbstbewusstsein haben, in Konkurrenz mit anderen zu treten, besonders geeignet. Interaktionsspiele lassen sich mit vier Kindern genauso durchführen wie mit 20 oder 25. Da die Kinder ständig in Bewegung sind, wird ihre körperliche Belastbarkeit und Ausdauer verbessert. Auf spielerische Weise lernen sie zudem, Regeln zu akzeptieren und sich der Gruppe anzupassen.

Rücksichtnahme, Ausdauer und soziales Miteinander sind die wichtigsten positiven Aspekte der Interaktionsspiele. Da ein häufiger Rollentausch während der Spiele stattfindet (einmal ist das Kind die Spinne, die die Fliege jagt, dann ist es die Fliege, die von der Spinne gejagt wird), werden Aufmerksamkeit, Konzentration und Flexibilität besonders gefördert.

Der Spielleitung ist es überlassen, individuelle Veränderungen bei den unterschiedlichen Rollen je nach Jahreszeit oder Thematik vorzunehmen. So kann das Spiel „Wolf, Wolf, wie spät ist es?“ (s. S. 72) auch in „Hexe, Hexe, wie spät ist es?“ oder „Eisbär, Eisbär, wann kommst du?“ umgeändert werden. Die Regeln jedes Spiels müssen vorher kurz und klar besprochen und bei Bedarf später noch einmal wiederholt werden. Hilfsmittel wie gebastelte Tierohren für den Wolf, einen Jägerhut für das Spiel „Hase und Jäger“ (s. S. 76) oder einen Hexenhut für „Hexe auf der Brücke“ (s. S. 76) lassen die Kinder die ihnen angetragen Rollen noch intensiver erleben.

Missverständnisse entstehen manchmal, wenn ein Kind z. B. bei einem Laufspiel berührt wird, um stehen zu bleiben, aber trotzdem weiterläuft. Die anderen MitspielerInnen sehen in diesem Verhalten zu Recht eine Missachtung der Spielregel. Aber wie aus den vorangegangenen Kapiteln dieses Buches zu ersehen ist, muss dieses Verhalten nicht unbedingt als eine mutwillige Regelüberschreitung angesehen werden. Das Kind hat diese Berührung vielleicht einfach nicht wahrgenommen, nicht gespürt. Hier ist eine differenzierte Beobachtung der Spielleitung notwendig, die das Missverständnis aufklären hilft.

Wolf, Wolf, wie spät ist es?

Alter: ab 4 Jahren
Material: 1 Weichboden oder 2 Turnmatten als „Wolfshaus", gebastelte Wolfsohren (s. S. 89), 1 Bank oder 1 Mattenreihe als „Schafstall"

Ein Kind meldet sich freiwillig als „Wolf". Es bezieht Quartier im Wolfshaus (= Weichboden oder Matten).
Die anderen Kinder sind die „Schafe" und stehen im Schafstall (= Bank oder Mattenreihe).
Auf ein Zeichen der Spielleitung gehen alle Kinder (Schafe) hintereinander um das Wolfshaus herum.
Ein Kind (Schaf) fragt den Wolf: „Wolf, Wolf, wie spät ist es?"
Der Wolf antwortet mit einer Uhrzeit, z. B.: „5 Uhr!"
Wieder fragt das Schaf: „Wolf, Wolf, wie spät ist es?"
Dieses Frage- und Antwortspiel wird so lange wiederholt, bis der Wolf anstatt der Uhrzeit: „Mittagszeit!" ruft.
Er springt auf und berührt so viele Schafe wie möglich, während die Schafe schnell zu ihrem Schafstall flüchten.
Wer den Schafstall erreicht hat, ohne vom Wolf berührt worden zu sein, ist frei.
Wer berührt wurde, ist beim nächsten Spieldurchgang ein „Hilfswolf" und muss dem Wolf beim Fangen helfen.
Das Spiel wird so lange gespielt, bis alle „Schafe" gefangen wurden.
Dann spielt ein anderes Kind den „Wolf".

Variante

Je nach Fantasie und Thema können der „Wolf" und die „Schafe" mit anderen Tieren oder Personen ausgetauscht werden, z. B. „Eisbär, Eisbär, wann kommst du?": Ein Kind hat Eisbärohren und sitzt als „Eisbär" auf einer „Eisscholle" (= Matte). Die Kinder sind die „Robben", die der Eisbär fangen will. Sie gehen zur Eisbärscholle und rufen: „Eisbär, Eisbär, wann kommst du?"

Tipp

Für jüngere Kinder ist ein Wolf meist Realität. Sie wollen anfangs lieber nur zusehen. Nach einiger Zeit machen auch sie mit.
Ist nur noch ein Schaf übrig geblieben, sollte es gefragt werden, ob es alleine zum Wolfshaus gehen möchte oder lieber nicht. Manchen Kindern ist es zu viel, wenn alle „Wölfe" das einzige übrig gebliebene Schaf fangen wollen!

Vampir-Spiel

Alter: ab 4 Jahren
Material: pro Kind 1 kleine oder pro Paar 1 größere Turnmatte, 1 Weichboden als „Vampirhaus", 1 Gong oder 1 Klangschale als „Kirchturmuhr"

Ein Kind spielt den „Vampir", der in seinem „Haus" (= Weichboden) schläft.
Die anderen Kinder sind die Menschen, die in der „Stadt" (= auf den Matten) schlafen.
Die Menschen gehen aus der Stadt zu dem Vampirhaus und wollen sehen, ob der Vampir noch schläft.
Da beginnt die „Kirchturmuhr" zu schlagen (die Spielleitung schlägt 12-mal den Gong oder die Klangschale). Beim 12. Mal springt der Vampir auf und berührt die Menschen, die erst beim 12. Gongschlag in ihre Stadt (= auf die Turnmatten) rennen dürfen.

Jedes Kind, das der Vampir berührt hat, wird ein „Hilfs-Vampir" und stellt sich zum Vampirhaus.
Der Vampir geht nun zu den schlafenden Menschen, hebt ihnen vorsichtig Arme und Beine an und lässt diese genauso vorsichtig auf die Matte fallen. Lacht das „schlafende" Kind dabei nicht und zeigt nicht seine Zähne, ist es also wirklich im „Tiefschlaf", darf es in seinem „Bett" liegen bleiben und bei dem nächsten Spieldurchgang wieder als „Mensch" mitmachen. Ansonsten wird das Kind auch ein „Hilfs-Vampir".
Alle Hilfs-Vampire helfen beim nächsten Spieldurchgang dem Vampir beim Fangen.

Tipp

Ist nur noch ein Mensch übrig geblieben, sollte das Kind gefragt werden, ob es noch einmal alleine zum Vampirhaus gehen möchte. Wie beim Wolf und Schaf-Spiel (s. S. 72) bekommt manches Kind Angst, wenn alle Vampire versuchen, es zu fangen.

Schatz bewachen

Alter: ab 4 Jahren
Material: „Schatz" (z. B. ein Beutel mit Murmeln)

In die Mittel des Raumes den „Schatz" legen.
Alle Kinder bis auf eines bilden einen Kreis um den Schatz und fassen sich an den Händen. Sie sind die „Wächter".
Ein Kind (der Dieb) stellt sich außerhalb des Kreises und versucht nun den „Schatz", der in der Mitte liegt, zu holen, indem es die Wächter überlistet.
Diese dürfen den Dieb nicht durchlassen und halten ihre Hände ganz fest.
Schafft der Dieb es trotzdem, die Kette zu durchbrechen, wird ein anderes Kind zum „Dieb".

Tipp

Darauf achten, dass das Spiel nicht zu wild wird.

Ausbrecher

Ein ähnliches Spiel wie „Schatz bewachen“ (s. S. 73)

Alter: ab 4 Jahren

Ein Kind, der „Ausbrecher“, stellt sich in die Mitte des Raumes.
Alle übrigen Kinder bilden einen Kreis um den „Ausbrecher“ und fassen sich an den Händen. Sie sind die „Gefängniswärter“.
Der „Ausbrecher“ erzählt der Gruppe zunächst, warum er im Gefängnis ist.
Dann beginnt er auszubrechen, indem er sich gegen die Kinderarme wirft in der Hoffnung, ein Kind würde loslassen.
Die Gefängniswärter halten sich möglichst fest an den Händen gefasst.
Schafft es der „Ausbrecher“ nicht auf diesem Wege, kann er auch durch den „Keller“ gehen, indem er auf dem Fußboden durch die Händekette durchrutscht.
Auch das versuchen die Wärter durch ihre Aufmerksamkeit zu verhindern.
Das Kind, bei dem die „Kette“ gerissen ist (die Hand losgelassen wurde), darf als nächstes in den Kreis.

Tipp

Besonders ältere Kinder werfen sich gerne mit aller Kraft und oft unkontrolliert gegen die Händekette. Vorsicht beim „Ausbrecher“, wenn er ausrutscht und auf den Boden schlägt!

Katze und Maus

Alter: ab 4 Jahren
Material: je 1 Satz Katzen- und Mäuseohren (s. S. 10)

Ein Kind wird als „Katze“, ein anderes als „Maus“ bestimmt und bekommt entsprechende Ohren aufgesetzt.
Die restlichen Kinder fassen sich zum Kreis an und bilden das „Mauseloch“.
Die Maus stellt sich ins Mauseloch, die Katze stellt sich außerhalb des Kreises.
Die Katze fragt: „Ist die Maus zu Haus?“
Die Gruppe antwortet: „Nein!“
Die Katze: „Wann kommt sie denn?“
Die Maus antwortet z. B.: „Um 7 Uhr!“
Die Kinder im Kreis zählen gemeinsam bis sieben.
Dann halten sie die angefassten Hände hoch (die „Mauselöcher“ sind geöffnet), so dass die Maus hinauslaufen kann.
Die Katze läuft hinter der Maus her, um sie zu fangen.
Kommt die Maus zurück, wird sie in den Kreis gelassen.
Bei der Katze schließen sich die Eingänge wieder, d. h. die angefassten Hände werden heruntergenommen.
So geht es hin und her, bis die Katze die Maus erwischt.
Anschließend erfolgt ein Rollentausch und zwei andere Kinder werden als Katze und Maus bestimmt.

Käferjagd

Alter: ab 5 Jahren (mit Variante ab 3 Jahren)
Material: Bärenohren (s. S. 89), Klangschale oder Gong

Ein Kind spielt den „Bär“ und bekommt Bärenohren aufgesetzt.
Die anderen sind die Käfer, die herumfliegen.
Auf das Zeichen des Gongschlags geht es los.
Die Käfer laufen im Raum umher, der Bär verfolgt sie.
Wer vom Bären mit seiner „Tatze“ berührt wird, muss sich rücklings auf den Fußboden legen und mit Armen und Beinen wild in der Luft strampeln (wie eben ein Käfer, der auf dem Rücken liegt).
Die herumlaufenden Käfer reichen nun dem auf dem Rücken liegenden die Hand, um ihm wieder auf die Füße zu helfen. Dabei hüten sie sich vor der Berührung des Bären.

Variante 1

Besonders anstrengend ist es natürlich für den Bären, der alle berühren muss. Ist die Gruppe sehr groß, bietet es sich an, eventuell auch zwei Bären zu bestimmen, die die Käfer fangen.

Variante 2

Große Gruppen können geteilt werden. So hat immer die Hälfte der Kinder eine Pause, kann sich vom Laufen erholen und hat gleichzeitig Spaß beim Zuschauen.

Variante für Kinder ab 3 Jahren

Die Kinder in kleinen Gruppen von höchstens fünf Kindern spielen lassen, damit es nicht zu wild und unübersichtlich wird.

Apfelbaum

Alter: ab 5 Jahren
Material: 1 Mannschaftsband oder 1 Stoffmütze (= Kennzeichnung für den „Apfelbaum“), Klangschale oder Gong

Die Gruppe teilt sich in kleinere Gruppen von maximal elf Kindern. Die Gruppen spielen nacheinander und schauen der jeweils aktiven Gruppe beim Spiel zu.
Ein Kind ist der Apfelbaum und stellt sich in die Mitte der Gruppe. Es streckt seine Äste (= Arme) aus.
Die restlichen Kinder fassen jeder einen Finger (= Zweig) an, das sind die Äpfel.
Der „Apfelbaum“ nennt verschiedene Obstsorten, die an Bäumen wachsen: „Pflaumen, Kirschen, Birnen ...“.
Bei dem Wort „Äpfel!“ lassen alle Äpfel (= Kinder) den Baum los und laufen weg.
Der „Apfelbaum“ versucht nun, die laufenden Äpfel zu berühren. Schafft er das, muss dieser „Apfel“ mit gespreizten Beinen stehen bleiben.
Die laufenden „Äpfel“ dürfen durch die Beine des stehenden „Apfels“ rutschen, wodurch dieser dann frei ist und wieder mitlaufen darf.
Das Spiel ist zu Ende, wenn alle Äpfel zum Stehen gebracht sind.

Variante 1

Meistens ist es für einen Apfelbaum alleine zu schwierig, alle Äpfel zum Stehen zu bringen. Deshalb ist es sinnvoll, dem Apfelbaum einen zweiten als Helfer an die Hand zu geben. Die Kinder, die als „Bäume“ bestimmt wurden, unterstützen sich gegenseitig.
Das wird dann wieder für die laufenden Äpfel schwierig, da sie auf zwei Apfelbäume zu achten haben, von denen sie nicht berührt werden wollen.

Hase und Jäger

Alter: ab 3 Jahren
Material: 1 Schaumstoffball, 1–2 Matten, Gong oder Klangschale, evtl. 1 Jägerhut

Ein Kind ist der „Jäger" und erhält einen Schaumstoffball sowie evtl. einen Jägerhut auf den Kopf.
Die anderen Kinder sind die „Hasen".
Eine oder zwei Matten werden als Wiese an die Seite des Raumes gelegt.
Die Spielleitung eröffnet das Spiel mit dem Gong.
Der „Jäger" wirft mit dem Schaumstoffball die „Hasen" ab.
Wer vom Ball berührt wurde, muss sich auf die „Wiese" (Matte) setzen.
Das Spiel ist zu Ende, wenn der „Jäger" alle „Hasen" abgeworfen hat.
Danach wird ein neuer „Jäger" bestimmt.

Tipp

Am besten eignen sich ältere Kinder als Jäger, da für sie das Spiel sehr anstrengend wird. Sie dürfen danach eine Pause machen, damit sie nicht überfordert werden.

Hexe auf der Brücke

Alter: ab 5 Jahren
Material: 1–2 Bänke als „Brücke", Hexen- bzw. Zauberhut, Gong oder Klangschale

In die Mitte des Raumes ein bis zwei Schwebebänke als „Brücke" stellen.
Ein Kind übernimmt die Rolle der Hexe oder des Zauberers, erhält einen Hut und stellt sich auf die Brücke.
Die anderen Kinder stellen sich auf einer Seite des Raumes auf.
Auf das Zeichen des Gongs (Klangschale) laufen alle Kinder von einer Raumseite zur anderen, wobei sie über die Brücke klettern. Dabei dürfen sie nicht von der „Hexe" berührt werden.
Wen die „Hexe" berührt, verzaubert sie in ein „Krokodil". Es muss nun robbend die über die Brücke laufenden Kinder mitfangen.
Sind alle Kinder berührt und zu Krokodilen verwandelt, wird eine neue „Hexe" von der Spielleitung bestimmt.

Tipp

Dieses Spiel ist für etwas ältere Kinder gedacht, da junge Kinder oft noch Probleme beim Übersteigen der Bank haben und sich schnell stoßen. Außerdem fällt es ihnen häufig schwer, auf mehrere Dinge gleichzeitig zu achten.

Moskitos

Alter: ab 5 Jahren
Material: 1 Schwungtuch als „Moskitonetz", 1 Kissen oder 1 Schaumstoffblock als „Moskitostachel", CD-Spieler, Musik-CD

Das „Moskitonetz" in die Mitte des Raumes legen.
Ein Kind wird zur „Moskitofliege" bestimmt. Es lauert in einer Ecke mit dem „Stachel" (Kissen oder Schaumstoffblock).
Die Spielleitung stellt die Musik an und alle Kinder hüpfen um das Moskitonetz herum. Stoppt die Musik, kriechen alle Kinder ganz schnell unter das Moskitonetz (= Schwungtuch). Im selben Moment startet die „Moskitofliege" und versucht mit ihrem „Stachel" ein Kind zu berühren, bevor es sich unter dem Schwungtuch versteckt hat.
Gelingt ihr das, ist das „gestochene" Kind beim nächsten Durchgang die Moskitofliege. Gelingt es ihr nicht, hat es einen weiteren Versuch frei.

Tipp

Die Kinder vor dem Spiel darauf hinweisen, vorsichtig unter das „Moskitonetz" (= Schwungtuch) zu krabbeln! Es passiert leicht, dass jemand in seiner Aufregung dem anderen das Tuch wegreißt, wenn die Moskitofliege hinter ihm her ist.

Bienenstich

Alter: ab 4 Jahren
Material: 1 Kissen, 1 gerollte Teppichfliese oder 1 Schaumstoffblock als „Stachel", Gong oder Klangschale

Ein Kind ist die „Biene", die einen „Stachel" (Teppichfliese oder Schaumstoffblock) in der Hand hält.
Auf das Zeichen des Gongschlages läuft die Biene los, um die Kinder mit ihrem Stachel zu stechen, indem sie ihnen damit in den Po piekst. Das Kind, das gestochen wurde, ruft laut: „Au!", setzt sich an dieser Stelle auf den Boden und bleibt dort sitzen.
Jetzt wird ein anderes Kind für die Rolle der „Biene" bestimmt.

Tipp

Bitte darauf achten, dass die Kinder sich nicht konditionell übernehmen, da dieses Laufspiel sehr anstrengend ist, weil alle Kinder, besonders die „Biene", ständig in Bewegung sind. Nach ein paar Durchläufen bietet sich eine Entspannungsübung als Ausgleich an.

Schwänzchen klauen

Alter: ab 4 Jahren
Material: 2 oder 3 kleine Stoffstreifen als „Schwänzchen“ pro MitspielerIn, Gong oder Klangschale

Damit das Spiel nicht zu wild wird, werden Regeln vorher abgesprochen und beim Spiel beachtet:

- niemanden festhalten
- nicht schubsen
- sich nicht mit dem Rücken gegen die Wand stellen

Jedes Kind steckt sich sein „Schwänzchen“ hinten in den Hosenbund.
Mit dem Gong beginnt das Spiel.
Jedes Kind versucht, einem anderen seine „Schwänzchen“ zu stibitzen. Dabei muss es aber selbst aufpassen, dass das eigene Schwänzchen möglichst nicht weggenommen wird.
Ertönt der Gong zum zweiten Mal, ist das Spiel zu Ende.
Jetzt werden die stibitzten und die behaltenen „Schwänzchen“ gezählt.
Die Schwänzchen werden neu verteilt und das Spiel beginnt von vorne.

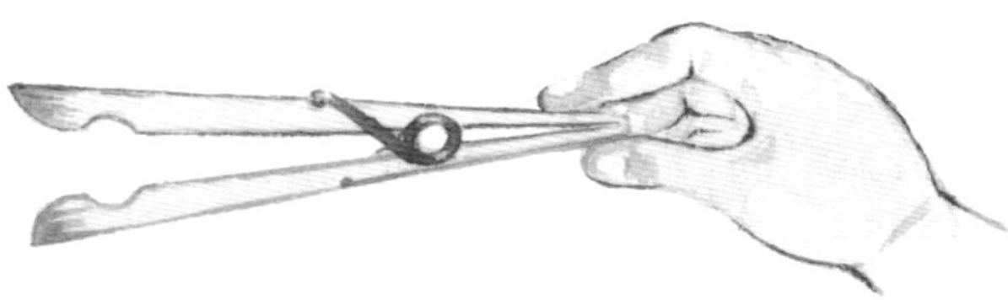

Klammerklau

Alter: ab 5 Jahren
Material: Wäscheklammern (pro Kind 3–5 je nach Alter), Gong oder Klangschale

Jedes Kind erhält 3–5 Wäscheklammern, die die Kinder sich gegenseitig an das Rückenteil des T-Shirts bzw. Pullovers klammern.
Mit dem Gong beginnt das Spiel.
Jedes Kind „klaut“ nun jedem anderen so viele Wäscheklammern wie möglich, indem es sie im „Pinzettengriff“ (= Daumen und Zeigefinger zusammendrücken) vom Pullover des Mitspielers abmacht und sie bei sich vorne an den Pullover klammert.
Ertönt der Gong ein weiteres Mal, ist das Spiel zu Ende, und alle zählen die „geklauten“ Klammern, sowie die, die noch am eigenen Pullover hinten angeklammert geblieben sind.
Wenn die Kinder möchten, werden die Wäscheklammern nun wieder an alle Mitspieler gleichmäßig verteilt, und das Spiel beginnt von vorne.

Tipp

Kinder, die mit der Vielfalt der Aufgaben bei diesem Spiel überfordert sind, sollten eher „Schwänzchen klauen“ spielen. Der „Pinzettengriff“ beim Lösen der Wäscheklammer ist in der Schwierigkeit für die Kinder nicht zu unterschätzen!

Komm mit – lauf weg!

Alter: ab 3 Jahren (mit Variante ab 5 Jahren)
Material: 1 Teppichfliese pro Kind

Alle Kinder bis auf eines setzen sich auf ihre Teppichfliesen in einen großen Kreis.
Ein Kind geht außen um den Kreis herum und tippt irgendwann einem Kind auf die Schulter oder auf den Rücken und ruft: „Komm mit!"
Das angetippte Kind läuft hinter dem anderen her und versucht, sich vor diesem auf die freie Teppichfliese zu setzen.
Schafft es das nicht, muss das Kind im Kreis um die Gruppe herumgehen und auch wieder ein Kind antippen usw.

Variante für Kinder ab 5 Jahren

Die Variante zu „Komm mit!" heißt „Lauf weg!" Hier läuft das angetippte Kind in entgegengesetzter Richtung um den Kreis als das Kind, das es angetippt hat. Das Kind, das zuerst auf der freien Teppichfliese sitzt, darf sitzen bleiben, das andere sucht sich ein neues Kind zum Antippen.

Fliege-Spinne-Fangspiel

Alter: ab 4 Jahren
Material: Teppichfliesen (2 weniger als Anzahl der Kinder), Gong oder Klangschale

Zwei Kinder übernehmen die Rolle von „Fliege" und „Spinne".
Die anderen nehmen sich eine Teppichfliese, verteilen sich im Raum und setzen sich im Langsitz (mit geöffneten, ausgestreckten Beinen) auf die Fliese. Sie sind die „Fliegenhäuser".
Mit dem Gong beginnt das Spiel.
Die „Spinne" jagt nun die „Fliege" zwischen den „Fliegenhäusern" umher.
Die Fliege versucht, sich zwischen die Beine eines sitzenden Kindes (= Fliegenhaus) zu setzen, bevor die Spinne die Fliege berührt hat.
Gelingt ihr das, erhebt sich das Kind, das das Fliegenhaus ist, und wird zur Spinne. Es jagt nun die vorherige Spinne, die jetzt die Rolle der Fliege übernimmt.
So geht es immer im Wechsel. Der Rollentausch wird meist sehr schnell von den Kindern verstanden und übt die Flexibilität des Gedächtnisses.
Berührt die Spinne die Fliege, bevor sie das Fliegenhaus erreicht hat, findet der Rollentausch schon vorher statt.
Das Spiel dauert so lange, wie die Kinder Spaß daran haben, mindestens aber so lange, bis jedes Kind einmal die Spinne gewesen ist.

Variante 1

Der Spielverlauf bleibt gleich, nur die Tiere sind andere: Die sitzenden Kinder sind „Frösche" auf „Seerosenblättern", ein „Storch" versucht den laufenden „Frosch" zu fangen, bevor er sein „Seerosenblatt" erreicht hat.

Variante 2

Die sitzenden Kinder sind „Zwerge" in ihren „Zwergenhäusern". Der „Riese" versucht den laufenden „Zwerg" zu fangen, bevor er sein „Zwergenhaus" erreicht hat.

Natürlich können noch andere Personen oder Tiere gewählt werden, die die Kinder auch selbst bestimmen.

Chinesische Mauer

Alter: ab 4 Jahren
Material: Tesakrepp, Gong oder Klangschale

Einen Streifen Tesakrepp als „Chinesische Mauer" auf dem Hallenboden in der Mitte des Raumes von einer Wand zur anderen ziehen.
Ein Kind spielt den „Wächter" und stellt sich auf die „Chinesische Mauer".
Die Gruppe begibt sich geschlossen auf eine Seite des Raumes.
Die Spielleitung eröffnet mit dem Gong das Spiel.
Die Kindergruppe versucht, von der einen zur anderen Raumseite über die „Chinesische Mauer" zu kommen, ohne vom Wächter berührt zu werden.
Der Wächter darf nur auf der „Chinesischen Mauer" hin und her gehen, also nicht vor- oder zurücklaufen.
Wer vom Wächter berührt wird, ist beim zweiten Durchgang ebenfalls ein Wächter, stellt sich mit auf die „Mauer" und versucht, ein Kind zu berühren.
Wer am Schluss alleine übrig bleibt, ist neuer Wächter.

Tipp

Je mehr Kinder auf der „Mauer" stehen, desto schwieriger wird ein Überwinden der „Mauer", ohne gefangen zu werden. Die „Wächter" müssen getäuscht werden.

Fischer, Fischer, wie tief ist das Wasser?

Alter: ab 4 Jahren
Material: evtl. Stoffband

Ein Kind ist der „Fischer" und steht auf der einen Seite des Raumes.
Die anderen Kinder stehen auf der gegenüber liegenden Seite und sind die Menschen, die auf die andere Seite des Flusses möchten.
Sie rufen: „Fischer, Fischer, wie tief ist das Wasser?"
Der Fischer antwortet z. B.: „100 m tief!"
Die Gruppe fragt: „Und wie kommen wir da rüber?"
Der Fischer ruft z. B.: „Krabbeln!"
Dann muss die Gruppe krabbelnd auf die andere Seite des Raumes kommen, ohne dass der „Fischer", der sich ebenfalls krabbelnd vorwärts bewegt, sie berührt.
Wer vom „Fischer" berührt wurde, ist beim nächsten Spieldurchgang ebenfalls ein Fischer und muss beim Fangen mithelfen.
Der Fischer nennt jedes Mal eine andere Bewegungsart: Laufen, Hüpfen, Schwimmen, Robben, Kriechen etc.

Tipp

Darauf achten, dass sich alle Kinder sowie der bzw. die Fischer in der angesagten Bewegungsart fortbewegen.

Variante 1

Junge Kinder können zum Ende des Spiels häufig nicht mehr auseinanderhalten, wer Fischer und wer die Kinder auf der anderen Seite des Flusses sind. Es empfiehlt sich, die „Fischer" mit Mannschaftsbändern zur besseren Orientierung für alle zu kennzeichnen.

Variante 2

Eine große Gruppe wird in zwei kleinere aufgeteilt, so dass eine Hälfte zusieht. Durch das Beobachten des Spiels werden den jüngeren Kindern die Spielregeln vertraut.

Popcorn-Spiel

Alter: ab 4 Jahren
Material: CD-Spieler, Musik-CD
Anzahl: eine ungerade Anzahl an Kindern

Ein Kind ist die „Popcornmaschine" und stellt sich in die Mitte des Raumes.
Die Spielleitung ruft: „Popcornmaschine an!" und stellt die Musik an.
Dann sagt sie, wie sich die Kinder durch den Raum bewegen sollen: laufen, tanzen, hüpfen.
Die Spielleitung stellt die Musik aus und ruft: „Popcornmaschine stopp! Finger!"
Die Kinder suchen sich einen Partner bzw. eine Partnerin und berühren sich an dem angesagten Körperteil.
Dann ruft die Spielleitung: „Popcornmaschine an!" und stellt die Musik wieder an.
Stoppt die Popcornmaschine erneut, gibt es eine neue Ansage (ein anderes Körperteil wird benannt), z. B.:

- Popcornmaschine stopp: Po!
- Popcornmaschine stopp: Hand!
- Popcornmaschine stopp: Knie!

Jedes Mal berühren sich die Partner am angesagten Körperteil.
Ruft die Spielleitung aber: „Riesenpopcorn!", laufen alle zur Popcornmaschine in die Mitte und kleben an ihr fest, indem sie sich dicht gedrängt um sie herumstellen.

Tipp

Darauf achten, dass beim „Riesenpopcorn" kein zu großes Gedränge entsteht und kein Kind dem anderen weh tut!

Tarzan fängt die Affen

Alter: ab 5 Jahren (mit Variante ab 3 Jahren)
Material: diverse Turnmatten, Teppichfliesen, Bänke und Kästen

Aus Turnmatten, Teppichfliesen, Bänken und Kästen einen Parcours bauen.
Ein Kind übernimmt die Rolle des „Tarzan".
Die anderen Kinder sind die „Affen".
„Tarzan" stellt sich auf einen „Berg" (= Bank) und stößt seinen Schrei aus.
Dann rennt er, wie auch die „Affen", die vor ihm weglaufen, den Parcours entlang und versucht, die „Affen" zu berühren. Dabei dürfen die „Affen", wie auch „Tarzan", nicht neben den Parcours treten.
Tritt ein „Affe" daneben, scheidet er aus und wird „Urwaldpolizei". Zusammen mit der Spielleitung setzt er sich an die Seite und passt auf, ob sich alle an die Spielregeln halten.
Tritt „Tarzan" neben den Parcours, dürfen alle „Affen", die bisher aus dem Spiel ausgeschieden sind, wieder mitmachen.
Wird „Tarzan" zu müde, wird er ausgewechselt, und das Spiel beginnt von vorne.

Variante für Kinder ab 3 Jahren

Den Parcours am Anfang nur aus Turnmatten und Teppichfliesen legen. Haben alle Kinder die Regeln des Spiels verinnerlicht und den Parcours mehrmals bespielt, können mit Bänken und Kästen weitere Schwierigkeitsgrade eingebaut werden.

Tipp

Die Kinder immer wieder darauf hinweisen, die Hindernisse mit Bedacht zu übersteigen, damit sie sich nicht stoßen oder hinfallen!

Elternarbeit

Einbeziehung der Eltern in die Arbeit mit den Kindern

Eltern, wir brauchen euch!

Jede Förderung für ein Kind trägt nur dann zur Integration in das soziale Umfeld bei, wenn sie so verändernd auf das Umfeld einwirkt, dass günstige Bedingungen für das Kind geschaffen werden. An dieser Stelle sind die Eltern gefragt, die die Alltagsstruktur günstig verändern und beeinflussen können. Dabei sind natürlich immer die Basis der Möglichkeiten sowie die Fähigkeiten und Bedürfnisse der Eltern zu berücksichtigen. Aber: „Wo ein Wille ist, da ist ein Weg", heißt ein Sprichwort. Nur was in der Familie angebahnt, durch die Eltern nachgeübt, was konsequent durchgehalten und beständig mit dem Kind weitergeführt wird, bewirkt auf Dauer Anregung und Stärkung der vorhandenen Möglichkeiten.
Daraus ergibt sich, dass der Transfer in den Alltag der wichtigste Faktor ist. Die hier im Buch aufgezeigten Übungen, Massagen und Spiele sind deshalb so angelegt, dass sie nicht nur für Fachleute, sondern auch für Eltern Anregungen zur Umsetzung anbieten. Ein Miteinander der Erwachsenen und der Kinder bedeutet nicht nur Förderung und Weiterentwicklung für das Kind, sondern auch gemeinsamer Spaß und Entspannung für beide Seiten.

Rituale

„Wann soll der Transfer in den Alltag beginnen", werden sich Eltern und ErzieherInnen fragen? Wo und wann ist es sinnvoll und möglich, auf spielerische Weise taktile oder Entspannungsübungen in den Alltag einfließen zu lassen, so dass mein Kind diese Aufforderung annimmt und auf beiden Seiten ein Frusterlebnis erspart bleibt? Hier einige Überlegungen dazu:

- Vertrauen Sie auf Ihr persönliches Gefühl und darauf, dass Sie Ihr Kind am besten kennen.
- Wählen Sie die Spiele, Verse oder Übungen aus, die Sie selbst am meisten ansprechen, denn nur was Sie selber begeistert, wird auch Ihr Kind nachhaltig positiv beeinflussen. Kinder haben intuitiv ein sehr feines Gefühl dafür, ob wir als Erwachsene hinter unserem Tun und Denken stehen!
- Rituale, sich regelmäßig wiederholende Abläufe, haben für jeden von uns eine Bedeutung. Je kleiner die Kinder sind, desto wichtiger sind die im Tages- oder Wochenablauf sich wiederholenden Rituale für sie. Für ErzieherInnen bzw. LehrerInnen bedeutet das, dass bestimmte Aktionen am Anfang und am Ende eines Angebots, einer Schulstunde stattfinden können.
- Eltern sollten sich den Tagesablauf ihrer Familie einmal in Ruhe betrachten und überlegen, wo und wann diese Rituale (z. B. Rückenmassagen) sinnvoll einzusetzen wären. Das kann am Sonntagmorgen sein, wenn die Eltern Zeit haben und ihr Kind in die elterlichen Betten zum Schmusen kommt. Das kann nach dem Mittagessen sein, wenn eine „Mittagsruhe" angesagt ist. Nehmen Sie sich fünf oder zehn Minuten Zeit, um sich ganz und gar Ihrem Kind zu widmen. Ebenso bietet es sich an, Rituale in die Abendstunden (z. B. beim Zubettgehen) zu legen. Einem Kind gelingt das Abschalten vom Tag mit einer kleinen Entspannung bzw. Massage besser, als wenn es noch

den Fernseher oder den Kassettenrecorder einschaltet. Muten Sie sich und Ihrem Kind nicht zu viel zu: Eine Zeit am Tag, die Sie sich mit Ihrem Kind regelmäßig zusammen Zeit nehmen, ist wichtiger, als ständig etwas „auszuprobieren". Sie würden sich und Ihr Kind nur überstrapazieren.

Wir, die wir Verantwortung für unsere Kinder tragen, müssen lernen, dass die Nähe und das Gespräch mit unseren Kindern wieder eine hohe Priorität in der Erziehung haben sollte, damit das menschliche Miteinander nicht von den Medien überholt und vielleicht sogar ins Abseits gedrängt wird. Der „Erfolg" unseres Handelns wird sicher nicht so schnell deutlich, als wenn ich eine Akte bearbeite und diese dann als „erledigt" beiseite legen kann. Die Zeit und Zuwendung, die wir unseren Kindern schenken, wird in den unterschiedlichsten Formen erst nach vielen, vielen Jahren erkennbar und vielleicht auch zurückgegeben werden. Haben Sie Geduld! Es lohnt sich und ist meiner Meinung nach der wichtigste Beitrag, den wir in unserer Gesellschaft leisten können!

Transfer zwischen Eltern und ErzieherInnen bzw. LehrerInnen

ErzieherInnen und LehrerInnen möchte ich Mut machen, auf die Eltern der uns anvertrauten Kinder zuzugehen und ihnen Angebote zu machen, wie sie die von Ihnen begonnene Arbeit sinnvoll fortsetzen können. Seien Sie sich dabei bewusst, dass Eltern häufig Unsicherheiten zeigen, die wir als Fachleute nicht als Desinteresse bewerten sollten. Eltern sind wie wir Fachleute und ebenso kompetent, auch sie brauchen wie wir Unterstützung und Begleitung. Wir sollten uns gegenseitig stützen und helfen. Wir brauchen die Informationen der Eltern über ihre Kinder und ihre Familie, wir zeigen den Eltern Ansätze und Möglichkeiten auf, wie sie unsere begonnene Arbeit sinnvoll fortführen können. Wir sollten unsere Arbeit für die Eltern transparent machen, sie versuchen mit einzubeziehen! So kann sich ein gegenseitiger, mit Offenheit geführter Austausch für das Kind und damit für die gesamte Familie, sowie für unsere Arbeit mit den Kindern positiv auswirken. Dieser Erfolg wird sich nicht von heute auf morgen einstellen. Wir müssen alle viel Geduld und Toleranz nicht nur mit den Kindern, sondern vor allem im Miteinander mit uns Erwachsenen aufbringen!

Sensibilisierung des taktilen Systems im Alltag

Hier sind einige Vorschläge, wie das taktile System des Kindes im Alltag sensibilisiert werden kann:

- Ausgiebiges Baden und Duschen (kalt und warm), sowie kalte und warme Fußbäder.
- Abfrottieren mit einem rauen Handtuch (auf die Reaktion des Kindes achten! Es muss sich dabei wohl fühlen!)
- Nach dem Baden oder Duschen den ganzen Körper des Kindes mit einer gut duftenden Körperlotion eincremen und evtl. massieren. Lassen Sie sich dabei Zeit, damit das Kind diese „Zeremonie" genießen kann!
- Das Kind darf sich in der Badewanne oder im Sommer im Garten den ganzen Körper mit Rasierschaum eincremen. Verschiedene Pinsel und Schwämme, die die Haut auf unterschiedliche Weise reizen, geben eine Fülle von Reizinformationen an das Gehirn weiter.

- Das Kind viel barfuß laufen lassen: zu Hause, in der Wohnung, über Teppiche mit verschiedenen Oberflächenstrukturen, über Sand, Rasen (morgens „Tautreten"), über Steine, Bretter oder durchs Wasser gehen.
- Im Haushalt helfen lassen: beim Spülen, Abwischen der Tische mit einem nassen Lappen (Auswringen üben), Backen (Teig kneten, Teig ausrollen, mit Ausstechformen ausstechen)
- Das Kind mit unterschiedlichen Hilfsmitteln frei agieren lassen: Fingerfarben, Kleister, Sand, Wasser, Kreide etc.
- Füße waschen und massieren (Material: eine Waschschüssel, Wasser, Seife, Handtücher). Das Kind wäscht sich seine Hände und Füße selbst (sinnvoll im Badezimmer oder einem anderen Ort, der gut zu wischen ist). Noch schöner ist es, wenn Kinder das miteinander tun (Geschwister, Freunde oder die Eltern, die sich als PartnerInnen zur Verfügung stellen). Einen weiteren Effekt bietet duftendes Öl im vorbereiteten Wasser, sowie das Massieren der Füße mit einer Lotion zum Schluss.

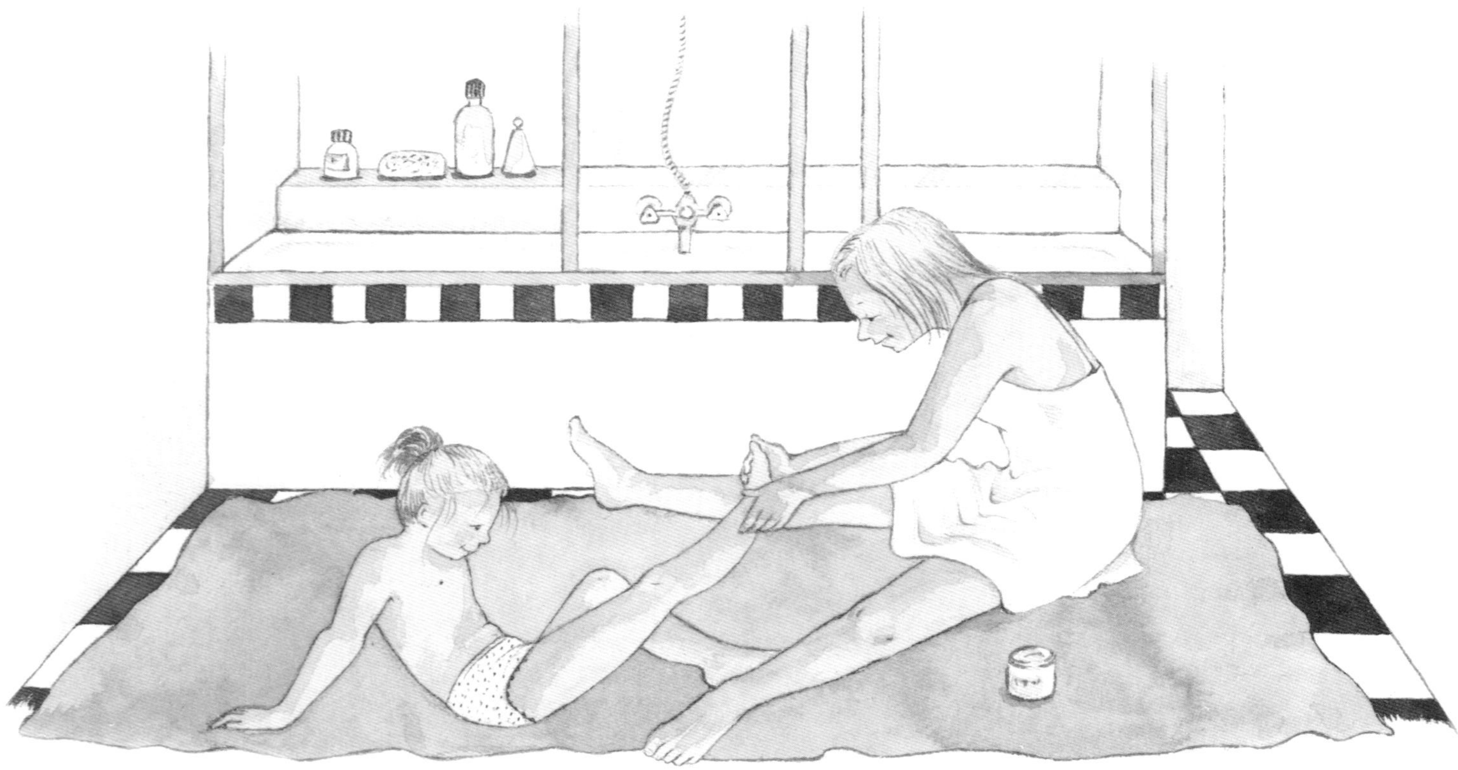

Ein gemeinsames Spiel in der Familie ist das Ertasten von Gegenständen. Schön ist es bei einem gemeinsamen Waldspaziergang Souvenirs aus dem Wald mitzubringen (Baumrinde, Eicheln, Kastanien, Tannenzapfen, Blätter, Moos etc.).
Diese Fundstücke werden zugedeckt auf den Tisch gelegt.

- Ein Kind nach dem anderen tastet nun nach einem Teil, benennt es und darf es dann unter dem Tuch hervorziehen, um zu sehen, ob es den Gegenstand richtig erkannt hat.
- Es werden immer dieselben Dinge (Paare) unter dem Tuch ertastet.
- Die Dinge werden nach bestimmten Merkmalen ertastet (rau, glatt, hart, weich).
- Anstelle des Tuches kleine Säckchen oder eine „Tastbox" (Schuhkarton mit einer eingeschnittenen Klappe als Öffnung zum Reinfassen) nehmen.
- Fundstücke aus dem Urlaub z. B. am Meer (Muscheln, Steine, Federn etc.) verwenden.

Komm mit ans Meer!

Projekteinheit zur Förderung der Körperwahrnehmung

Material: 1 Kuscheltier bzw. 1 Puppe pro Kind, 1 Teppichfliese pro TeilnehmerIn, Meeresschätze (Muscheln, Steine, Sand, kleiner Leuchtturm etc.), blaues Tuch, 1 Decke pro Paar (= „Pferdekutsche"), großes Tuch (3 aneinander genähte weiße oder blaue Bettlaken), Ocean-Drum (ein trommelähnliches Instrument, das mit winzigen Bleikügelchen gefüllt ist), 1 Entspannungsmatte und 1 kleines Kissen pro Paar, 3–6 Matten (je nach Gruppengröße), 3 Pappen (DIN A 3), Bunt- oder Wachsmalstifte, 1 Glas mit „Salzwasser" (Leitungswasser mit Salz gemischt), 1 kleiner Korb, Klangschale, CD-Spieler, CD „Streicheltöne – Wohlfühlmassagen"

Vorbereitung

Die Spielleitung fordert die Kinder am Vortag auf, das liebste Kuscheltier bzw. die Lieblingspuppe von Zuhause mitzubringen.
Die drei Pappen „Regen-Kälte-Sonne" (s. S. 86) mit Bunt- oder Wachsmalstiften malen.
Die Teppichfliesen am Rand des Raumes in einen großen Kreis legen.
Das kleine blaue Tuch in der Mitte des Kreise ausbreiten und die „Meeresschätze" (Muscheln, Steine, Sand, ein kleiner Leuchtturm etc.) darauf dekorativ verteilen.
Pro Paar eine Entspannungsmatte und ein kleines Kissen bereit legen sowie die drei Pappen für das Musikstopp-Spiel „Regen-Kälte-Sonne".
Aus drei bis sechs Matten (je nach Gruppengröße) einen Tunnel bauen.

Sitzkreis mit Teppichfliesen

Sobald die Kinder in den Raum kommen, fordert die Spielleitung sie auf, sich auf die Teppichfliesen zu setzen.
Die Spielleitung gibt eine besonders schöne Muschel herum, das ist die Sprechmuschel. Das Kind, das diese Sprechmuschel in der Hand hält, darf erzählen, ob es schon einmal eine Reise ans Meer unternommen hat, und was es dort erlebt hat. Dann reicht es die Muschel weiter.
War jedes Kind an der Reihe, lädt die Spielleitung die Kinder ein, sich mit einem anderen Kind zusammen eine „Pferdekutsche" (= Decke) zu nehmen und damit zum „Meer" zu fahren. Die Puppen und Tierkinder kommen natürlich mit.

Spielformen: „Decken-Vielfalt" (s. S. 16)

Das Meeresrauschen mit der „Ocean-Drum" hören ...

Die Spielleitung erzählt:

„Jetzt sind wir am Meer angekommen, bringen die Pferde in den Stall (Decken an die Seite legen) und setzen uns wieder mit unseren Puppen und Tierkindern in den Kreis. Um uns auf das Meer einzustimmen, geht nun die Oceam-Drum im Kreis herum. Jedes Kind darf die Ocean-Drum vorsichtig bewegen, die anderen Kinder schließen dabei die Augen und stellen sich das rauschende Meer vor."

Musikstopp-Spiel „Regen-Kälte-Sonne"

Die Spielleitung erzählt weiter:

„Nun haben wir uns am Meer von der langen Kutschfahrt ausgeruht. Da merken wir, dass die Sonne hinter den Wolken verschwindet. Regenwolken ziehen auf. Es wird kälter und ein eisiger Wind fängt an zu blasen. Am Meer wechselt das Wetter häufig sehr schnell. Wir erleben diesen Wechsel jetzt."

Die Spielleitung erklärt die Funktion der Wetterkarten und wie die Kinder sich bei welcher Karte verhalten sollen:

- **Karte mit Regenwolke:** alle kriechen in den vorbereiteten Tunnel aus Matten
- **Karte mit Schneemann:** alle erstarren vor Kälte zu „Schneemännern und -frauen“ und bleiben wie versteinert stehen
- **Karte mit Sonne:** alle legen sich auf den Boden, strecken Arme und Beine von sich und sonnen sich

Die Spielleitung stellt die Musik an und alle Kinder laufen kreuz und quer durch den Raum, ohne sich anzurempeln. Stoppt sie die Musik und hält eine Wetterkarte hoch, müssen die Kinder entsprechend der Karte reagieren.

Die Spielleitung fährt in der Geschichte fort:

„Gerade als wir dachten, nun bleibt die Sonne am Himmel stehen, hören wir es in der Ferne donnern. Sollte ein Gewitter im Anzug sein? Mit einer Rückenmassage wollen wir ein Gewitter am Meer erleben. Dazu stellt euch bitte zu zweit zusammen und holt euch pro Paar ein kleines Kissen für den Kopf und eine Entspannungsmatte. Ein Kind legt sich bäuchlings auf die Matte, das andere kniet sich neben den Rücken des Partners. Ich erzähle euch jetzt, wie es ist, wenn ein Gewitter am Meer heraufzieht (s. „Gewitter“, S. 32).“

Jetzt findet ein Rollentausch statt und die Geschichte wird ein zweites Mal vorgelesen.
Wenn die Gruppe möchte, kann das Gedicht vom „Gewitter“ noch ein drittes Mal vorgelesen werden, damit auch die Tier-und Puppenkinder ihre Rückenmassage bekommen.

Die Spielleitung fährt in der Geschichte fort:

„Sobald das Gewitter endlich weitergezogen ist, möchten wir im Meer baden gehen. Habt ihr euer Badezeug mitgebracht?

Das große Tuch gemeinsam in der Mitte des Raumes ausbreiten

Alle Kinder setzen sich bitte an den Sandstrand des Meeres *(an den Rand des Betttuches)*. Ich gebe jetzt ein kleines Glas mit „echtem“ Meerwasser herum. Ihr sollt mir einmal sagen, ob das Meerwasser genauso schmeckt wie unser Leitungswasser zu Hause.
Das Glas mit Salzwasser wird herumgegeben und jeder steckt seinen Finger hinein, um etwas davon zu probieren

Nun wissen wir, dass das Meerwasser salzig ist. Jetzt gehen wir baden. Zwei Kinder fangen an und dürfen im großen Meer schwimmen *(auf dem Tuch vorsichtig herumlaufen)*, während die Gruppe am Strand kleine Wellenbewegungen mit dem Tuch macht, und dieses fest am Rand hält. Wenn die Schwimmer möchten, dass es stürmt, rufen sie ‚Sturm‘, und wir bewegen unser Meer (Tuch) mit großen Wellenbewegungen. Eure Puppen und Tierkinder dürft ihr zum ‚Schwimmen‘ mitnehmen.
Zwei Kinder beginnen, dann wird gewechselt, bis jedes einmal an der Reihe war

Nun bin ich gespannt, wer so mutig ist und ‚tauchen' möchte. Alle verteilen sich jetzt an den Längsseiten unseres ‚Meeres' und halten das Tuch straff über den Boden. Ein oder zwei Kinder setzen ihre Taucherbrillen auf und machen sich Flossen an die Füße *(imaginär darstellen)*. Sie holen tief Luft und kriechen bäuchlings unter dem Tuch von der einen zur anderen Seite des ‚Meeres'. Wenn ihr am Ende aus dem ‚Wasser' kommt, dürft ihr euch eine Muschel aus dem Korb nehmen, die ihr auf dem Meeresboden beim Tauchen gefunden habt. Zwei mutige Kinder können beginnen. Euer Puppen- oder Tierkind lasst ihr am Strand zurück. Es schaut euch von dort aus zu.
Das wird so lange wiederholt, bis jedes Kind, das tauchen möchte, mindestens einmal an der Reihe war

Jetzt sind wir erschöpft vom vielen Schwimmen und Tauchen. Wir brauchen eine Ruhepause. Nehmt euch bitte wieder pro Paar ein kleines Kissen für den Kopf und eine Entspannungsmatte. Ich möchte mit euch eine Fantasiereise machen, die heißt:

Wenn die Steine lebendig werden ... (s. S. 34)

Ein Kind legt sich in den Sand (auf die Entspannungsmatte), das andere, das aktive Kind, kniet sich daneben und malt das auf den Rücken des Partners, was angesagt wird, und was ich euch vormache. Am Schluss tauscht ihr bitte, so dass jeder einmal an die Reihe kommt ."
Entsprechende Musik bzw. das Stück auf der CD zum Buch ⊙ Nr. 5 anstellen und die Massage beim Abspielen ausführen. War jedes Kind einmal an der Reihe, werden die Matten und Kissen wieder an die Seite geräumt, und die Gruppe setzt sich in den Teppichfliesenkreis.

„Unser Tag am Meer geht langsam zu Ende. Ich hoffe, ihr hattet Spaß dabei. Es wird Zeit, die Pferdekutschen und die Pferde aus dem Stall zu holen und nach Hause zurückzufahren. Jedes Paar nimmt sich wieder eine ‚Pferdekutsche' (Decke) und ‚fährt' mit seinen Puppen bzw. Tierkindern nach Hause (s. „Deckenvielfalt", S. 16)."

Ist jedes Paar lange genug „gefahren" und hat sich mehrmals mit dem Ziehen abgewechselt, schlägt die Spielleitung die Klangschale an, das Zeichen dafür, dass die „Pferdekutschen" (Decken) in den Stall gebracht werden, und sich die Gruppe zum Abschied noch einmal in den Teppichfliesenkreis setzt.

Die Spielleitung beginnt die Abschlussrunde und sagt zu den Kindern:

„Nun gebe ich die ‚Sprechmuschel' wieder im Kreis herum. Jedes Kind erzählt uns, was es bei unserer Reise am besten gefunden hat, wo es sich gefürchtet hat oder was es gar nicht mochte."
Die Sprechmuschel geht herum und jeder äußert sich freiwillig zum Thema. Wer nichts dazu sagen will, braucht das auch nicht.

„Nun fassen wir uns bei den Händen und sagen uns und unseren Puppen und Tierkindern ‚Auf Wiedersehen'!
Die Muschel, die ihr auf dem ‚Meeresboden' gefunden habt, dürft ihr als Erinnerung an unsere Reise zum Meer mit nach Hause nehmen."

Anhang

Bastelanleitung für Tierohren

Bei manchen Spielen lassen sich die Kinder durch geringfügige Verkleidung in eine andere Welt führen. Tierohren helfen zudem, die Kinder voneinander zu unterscheiden. Überlegen Sie im Vorfeld, welche und wie viele Ohren sie erstellen wollen.

Material: Karton grau und rosa (Maus, s. S. 10), gelb (Löwe, Tiger), braun (Hase, Hund, Bär, Wolf) etc., weißer oder schwarzer Teddystoff (Schaf), Plüschfellreste oder Fellreste vom Kürschner, ca. 1 cm breites Gummiband oder Haarreif, Nähmaschine, Nähgarn, gut haftender Klebstoff (evtl. Stoffkleber)

Die Ohren nach den Vorlagen durch Kopieren vergrößern und aus Karton zuschneiden.
Die Pappohren an das Gummiband nähen (am besten mit der Nähmaschine, weil die Nähte so besser halten) oder an den Haarreifen kleben.
Zur Ausgestaltung die Ohren entweder mit Fellresten in der Mitte jedes Ohres oder ganz mit Fell überkleben.

Für Schafohren eignet sich Teddystoff am besten. Die Ohren nach Vorlage zuschneiden und dann nach unten hängend mit der Nähmaschine an das Gummiband annähen.

Tipp

Es geht hier nicht um Perfektion. Auch wenn den Erwachsenen ihr Werk nicht unbedingt zusagt, können sie sicher sein, dass die Kinder begeistert sein werden. Sie schlüpfen mit den Tierohren noch einmal so gerne in die Rolle des gespielten Tieres!

Viel Spaß beim Basteln!

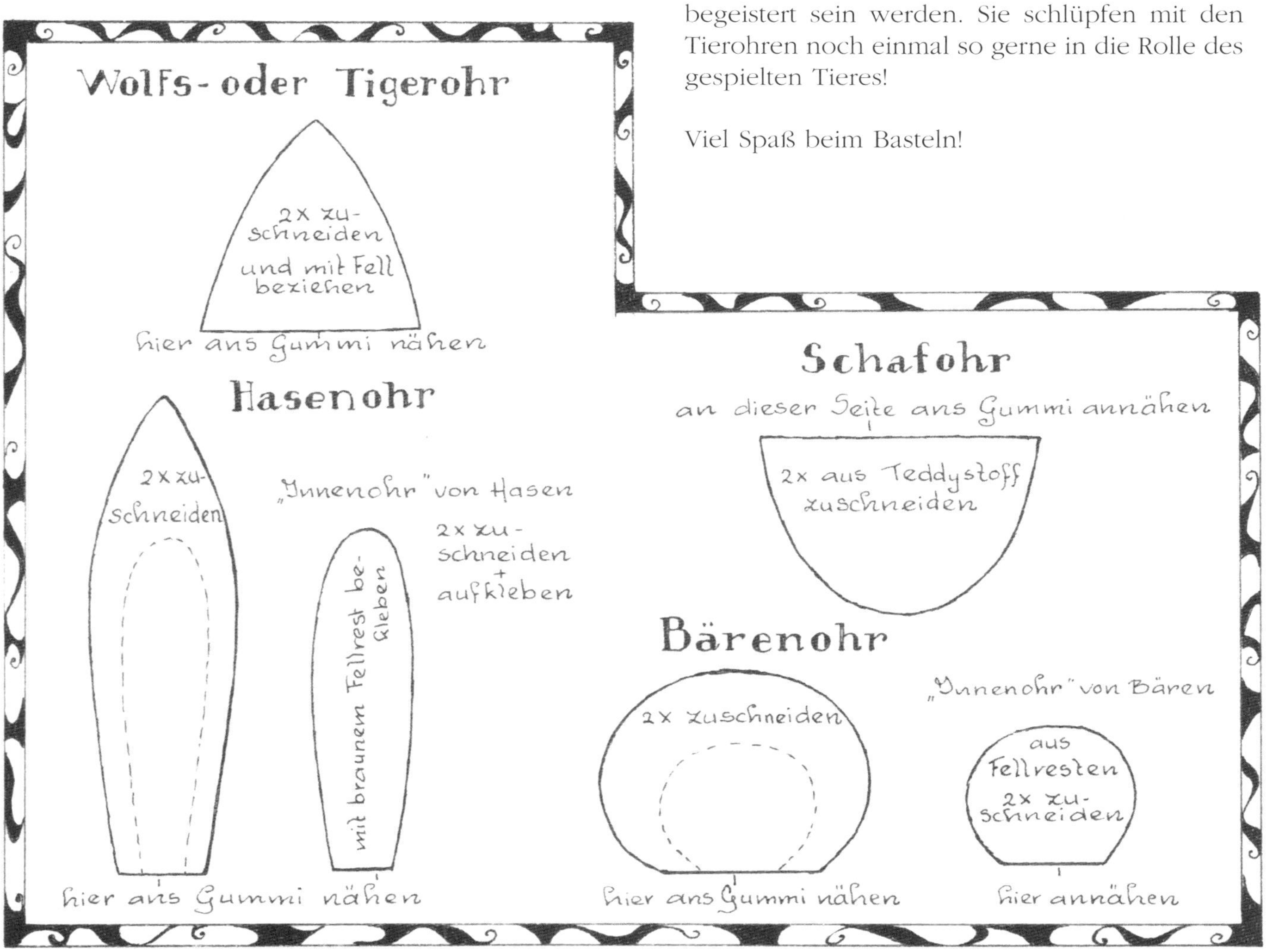

Register

Massagen und Entspannungs-übungen

Am Meer . . . 33
Auf der Autobahn in den Urlaub 47
Autowaschstraße . . . 31
Bierdeckel-Decke . . . 50
Das kleine Fröschlein am Bach . 41
Das Leben auf der Sommerwiese 38
Dein Rücken soll ein Malblatt sein . . . 25
Der Igel ist ein Stacheltier . . . 49
Der Riese Timpetu im Zwergenhaus . . . 43
Der Winter ist da . . . 42
Ein Igel auf Apfelsuche . . . 61
Einreiben des Körpers mit unterschiedlichen Materialien . . . 21
Ein Schmetterling entsteht . . . 29
Entspannungsbetten . . . 51
Erlebnisreicher Ausflug eines kleinen Tausendfüßlers . . . 45
Es wird Frühling . . . 26
Futtersuche auf dem Bauernhof . 28
Gartenarbeit . . . 27
Gewitter . . . 32
„Hören“ mit den Ohren, den Armen und den Beinen . 17
Horcht dem Ton 17
Kuscheltier-Atmung . . . 69
Luftballon-Massage . . . 51
Massagen-Mix . . . 44
Paar-Massage . . . 20
Piratenreise . . . 37
Spürst du, wie schwer sie sind? . 49
Wenn die Steine lebendig werden . . . 34
Zehn kleine Krabbelkäfer . . . 40

Spiele

Apfelbaum . . . 75
Atemspiele zur Kräftigung der Stimme . . . 70
Ausbrecher . . . 74
Bienenstich . . . 77
Bratwurst grillen . . . 58
Chinesische Mauer . . . 80
Deckenvielfalt . . . 16
Der Weichboden als Wippe . . . 14
Eine Reise auf unserer Landkarte . . . 60
Ein Lastwagen auf der Landstraße . . . 55
Fischer, Fischer, wie tief ist das Wasser? . . . 80
Fliege-Spinne-Fangspiel . . . 79
Hallo, bist du wach? . . . 7
„Hamburger“ . . . 13
Hase und Jäger . . . 76
Hexe auf der Brücke . . . 76
Im Land der Dickbäuche . . . 10
Käferjagd . . . 75
Katze und Maus . . . 74
Kissenschlacht . . . 19
Klammerklau . . . 78
Kleiner Bär, wie lange schläfst du noch? . . . 59
Komm mit – lauf weg! . . . 79
Kraftakt am Weichboden . . . 12
Landeplattform Weichboden . . . 15
Matte drücken . . . 12
Mausefalle . . . 62
Moskitos . . . 77
Musikstopp-Spiel mit Tierohren . 9
Popcorn-Spiel . . . 81
Pustespiele . . . 66
Roboter . . . 56
Rollmops . . . 18
Rutschpartie . . . 18
Schatz bewachen . . . 73
Schwänzchen klauen . . . 78
Seifenberge . . . 66
Tarzan fängt die Affen . . . 81
Traumwiese . . . 68
Vampir-Spiel . . . 73
Vogelscheuche . . . 55
Vom Zauber erlösen . . . 56
Waschspiel . . . 57
Wer geht wie? . . . 8
Wer kann mit dem Rücken „lesen“? . . . 54
Wie groß ist das Mauseloch? . . . 63
Wo habe ich dich berührt? . . . 53
Wolf, Wolf, wie spät ist es? . . . 72

Fantasiereisen

Auf der Autobahn in den Urlaub 47
Autowaschstraße . . . 31
Das Leben auf der Sommerwiese 38
Ein Schmetterling entsteht . . . 29
Erlebnisreicher Ausflug eines kleinen Tausendfüßlers . . . 45
Gartenarbeit . . . 27
Komm mit ans Meer (Projekteinheit) . . . 85
Wenn die Steine lebendig werden . . . 34

Fantasiereisen in Versform

Am Meer . . . 33
Das kleine Fröschlein am Bach . 41
Dein Rücken soll ein Malblatt sein . . . 25
Der Riese Timpetu im Zwergenhaus . . . 43
Der Winter ist da . . . 42
Ein Igel auf Apfelsuche . . . 61
Es wird Frühling . . . 26
Futtersuche auf dem Bauernhof . 28
Gewitter . . . 32
Piratenreise . . . 37
Zehn kleine Krabbelkäfer . . . 40

Weiterführende Literatur und CD

Beudels, Wolfgang, Lensing-Conrady, Rudolf, Beins, Hans J.: Das ist für mich ein Kinderspiel, Handbuch zur psychomotorischen Praxis, Verlag Modernes Lernen, Borgmann, 2001 (8. Aufl.)

Bezdek, Ursula, Monika und Petra: Mit Kindern durchs Jahr – Sommer, Erlebnis und Wahrnehmungserfahrung für drinnen und draußen, Don Bosco Verlag, München, 2002

Biermann, Ingrid: Purzelbaum und Hängematte, Spielideen zur Körpererfahrung, Herder Verlag, Freiburg, 2003

Dillmann, Ingrid: Spielgeschichten für die Bewegungsstunde mit 3–8-Jährigen, Matthias-Grünewald-Verlag, Mainz, 2001

Friedl, Johanna: Pi-Pa-Purzelbaum, Spielerische Bewegungsförderung für Kinder, Kösel Verlag, 2001

Günther, Sybille: Snoezelen. Traumstunden für Kinder, Ökotopia Verlag, Münster, 2002

Hatlappa-Eichstädt, Ute: Wahrnehmungs-Spiele, Christophorus Verlag, Freiburg, 2003

Kiwit, Ralf: Traumstunden für Kinder (CD), Ökotopia Verlag, Münster, 2003

Lange, Udo, Stadelmann, Thomas: Sand, Wasser, Steine, Spiel-Platz ist überall, Beltz Verlag, Weinheim, 2002

Zimmer, Renate: Sinneswerkstatt, Projekte zum ganzheitlichen Leben und Lernen, Herder Verlag, Freiburg, 1999

Zimmer, Renate: Bewegung und Entspannung, Anregungen für die praktische Arbeit mit Kindern, Herder Verlag, Freiburg, 2002

Zimmer, Renate: Handbuch der Sinneswahrnehmung, Grundlagen einer ganzheitlichen Erziehung, Herder Verlag, Freiburg, 2002

Autorin und Illustratorin

Annegret Frank wurde 1949 geboren, ist verheiratet und hat drei Söhne. Sie ist Erzieherin, Heilpädagogin und Yoga-Lehrerin für Kinder und Jugendliche.
Erste praktische Erfahrungen sammelte Annegret Frank in verschiedenen vorschulischen Einrichtungen, bevor sie in eine 14-jährige Familienphase überwechselte. In dieser „emotional am intensivsten erlebten Zeit" war sie stundenweise in den unterschiedlichsten Bereichen der Familienförderung tätig. Die darauffolgende heilpädagogische Ausbildung in Hildesheim ermöglichte ihr den Wiedereinstieg in den Beruf. Die Beschäftigung mit Psychomotorik wurde ihr Steckenpferd. Heute leitet Annegret Frank in Hildesheim einen Kindergarten und ist freiberuflich in der Psychomotorik tätig.
Ihre dichterische Neigung setzte sie zunächst für den eigenen Gebrauch in Form von Fingerspielen, Bewegungsgeschichten und Yoga-Märchen um, bevor erste Veröffentlichungen erschienen.

Annie Meussen, 1949 geboren, wohnt und arbeitet in den Niederlanden. Sie malt und zeichnet schon ihr ganzes Leben lang. Bereits als junges Mädchen erhielt sie ihren ersten professionellen Unterricht von ihrem Vater. Seither hat sie sich vor allem in der Detailzeichnung weiterentwickelt. Nach der Schulzeit arbeitete Annie Meussen als Kindergärtnerin mit kranken Kindern in einem der wenigen Krankenhäuser, an die auch eine Schule angegliedert war. Seit 1990 ist sie selbstständige Illustratorin von Kinderbüchern, Postkarten und Kalendern.
Für den Ökotopia Verlag illustrierte Annie Meussen „Santa, Sinter, Joulupukki" (2002) und „Käfer, Katze und Kaninchen" (2003).